はじめに

目指したのは、日本で1番やさしいリースの本

　日本ではじめてのリース会社が誕生したのは1963年。それからすでに、半世紀以上がたちました。主だった金融機関、商社、メーカーなどがこぞってリース会社を設立したことで、最盛期にはその数400社以上にものぼったといいま〔　　　〕もっとたくさんあったでしょう。

　リース業界は、産業機械のリースから始ま〔　　　〕機器、さらには事務所まるごと、工場まるごと、店舗まる〔　　　〕るようになりました。もはや、リースによって私たちの〔　　　〕過言ではないでしょう。

　その結果、リースの取扱高はピーク時の1991年には8.8兆円、現在は5兆円台を推移しています。同じくらいの規模の市場には、百貨店（5.8兆円／2018年）、総菜市場(8.9兆円／2018年)、ドラッグストア市場（7.2兆円／2018年）などがあげられます。また、政府が2020年に向けて掲げていたインバウンド（訪日外国人）の旅行消費額が8兆円でした。

　「けっこう大きな市場にも関わらず、リース業界についてはあまり知られていないんだな」。そう感じた人も、少なくないでしょう。実際、インターネットで「リース」を検索すると、「そもそも企業は何のためにリースを活用するのか？」「リースはどんな仕組みなのか？」「リースのメリットは何か？」「レンタルとリースは何が違うのか？」といった、リースのビジネスモデルに関する解説がたくさんでてきます。そもそも、リースというビジネスの仕組み自体がわかりにくいものなのかもしれません。

　リース会社には、企業を育てたり、大きなプロジェクトをまとめたり、地域創生に貢献したりといった、ダイナミックでエキサイティングな仕事が数多くあります。銀行のように地域や企業を育てたり、商社のようにいろいろな企業を結びつけて新しいビジネスを作りあげたりすることから、リース会社の仕事を「銀行×商社」と表現しているリース会社もあります。

　銀行でも商社でも、就職ランキングで上位にランクインする企業はいくつもあります。その両方の楽しさを味わえるリース会社は、さらに多くの会社が上位にランクインしてもよさそうな気もします。しかし、実際には100位内に1社入るか入らないかという状況です。それは一重に、リース会社が何なのかよく知られていないからではないでしょうか。これは、非常にもったいない話です。

　一方、いざリース業界について調べてみようとすると、なかなか初心者向けの資料が見つかりません。実際、私たちもリース関連のムックを作ろうとした時、入門書不足に悩みました。そもそも、どこの業界でも見かける「1時間でわかる～」といった類の早わかり本がないのです。「リース会計」「リースの実務」「リースの仕組み」など、すでに業界にいる人、あるいはリースについてある程度の知識を持った人を対象にした内容、レベルの本がほとんどです。

　いつしか、ごく普通の大学生が理解できるレベルのリース業界の本を作ってみたいと考えていたところに、この「図解即戦力シリーズ」が創刊されました。編集担当の大和田洋平氏に提案すると「高校生でもわかるようにしましょう」と、シリーズの1冊に加えていただけることになりました。図解を工夫したり、側注をつけたりするなどして、できる限り平易にしたつもりですが、8章の法律に関するところは少し難解だったかもしれません。ここは、わからなければ飛ばしていただいても大丈夫です。また1章の最新動向は、リースの知識がある程度必要なので、最後に読んでいただいた方が理解しやすいかもしれません。

　この本をきっかけに、リースに対する理解を深めていただければ幸いです。

CONTENTS

Chapter 2
リースの基本

Chapter 3
リースのビジネスモデル

Chapter 4
リースが利用される業界

Chapter 5

リース業界から生まれたサービス

Chapter **6**

リース会社の仕事と組織

Chapter 7
リース業界地図

Chapter 8

リースに関連する法律・会計

Chapter 9

リース業界で求められる知識・スキル

COLUMN 6

Chapter 10
リース業界の課題と展望

ご注意：ご購入・ご利用の前に必ずお読みください

第1章

リース業界の
最新動向

リース業界は今、あらゆる面で変化の時を迎えています。その理由はどこにあるのでしょうか？　第1章では、海外の動きや法律などを含めたリース業界の「最新動向」を解説します。業界の動向を、ざっくりつかんでおきましょう。

Chapter1
01

国際会計基準の変更とリース業界

現在、リース業界を取り巻く環境には大きな変化が起こりつつあります。国際的な会計基準が変更されたからです。まずはリース会計基準の変更を巡るポイントから探りましょう。

2007年の会計基準変更の苦い記憶

会計基準
企業の数字を表す財務諸表などを作成する際のルールのこと。

2016年、ある決定がなされました。米国会計基準とIFRS（国際会計基準）が、立て続けに会計基準を変更したのです。さらに日本の企業会計基準委員会（ASBJ）も、それに続く勢いで、見直しの議論に着手しました。こうした会計基準の変更に、敏感に反応するリース会社も出てきています。理由は、2007年の日本の会計基準の変更をきっかけに、リース業界の取扱高が落ち込んだという過去があるからです。

ファイナンス・リース
モノを介して受ける一種の融資なので、「物融」とも呼ばれる。2章で詳しく説明するが、「中途解約ができない」「リース物件の調達に要した費用の全額を回収する」という2つの条件を満たしたリース契約を指す。

それまで、ファイナンス・リース物件の会計処理は、日本では簡単でした。毎月のリース料金を経費として処理するだけだったからです。この事務処理の簡単さが、リースを利用するユーザーの大きなメリットでした。ところが、2007年の会計基準の変更によって、リース物件は費用ではなく資産として処理するようにルールが変わりました。バランスシート（貸借対照表）に計上し、毎年、減価償却をする必要が出てきたわけです。

オペレーティング・リース
ファイナンス・リース以外の全てのリース。2章以降で詳しく説明するが、リースの基本がファイナンス・リース、応用がオペレーティング・リースと考えるとわかりやすい。

実はそれまでも、ファイナンス・リース物件を経費として処理することは「例外」として認められていたに過ぎません。処理の簡便さを求めてほとんどのユーザーが例外的な経費処理方法を選んでいたのです。しかし会計基準の変更によって例外処理は廃止され、資産として計上することになりました。その結果リース離れが起こり、ファイナンス・リースの取扱高が激減したのです。落ち込みをカバーするため、各リース会社はアイデアを駆使してオペレーティング・リースを開発しました。ところが2016年、米国会計基準会計とIFRSはこのオペレーティング・リースを資産として計上することに決めたのです。日本でも同様の改正が行われれば、ファイナンス・リースの二の舞になるかもしれません。

▶ 2016年に起きた心配な出来事とは？

立て続けに
リース会計基準を変更した

米国会計基準
(2018年12月開始事業年度
から適用)

IFRS（国際会計基準）
(2019年1月開始事業年度
から適用)

さらに今後…

日本の企業会計
ASBJも
それに続く？

**リース業界の
対応は？**

▶ 理由は2007年の「リース会計基準」の二の舞を危惧しているから

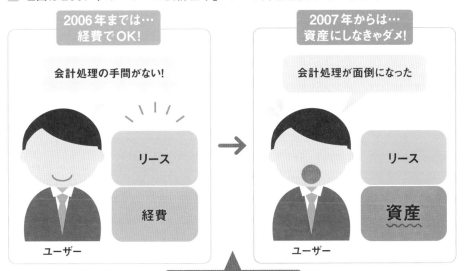

**2006年までは…
経費でOK！**

会計処理の手間がない！

リース

経費

ユーザー

**2007年からは…
資産にしなきゃダメ！**

会計処理が面倒になった

リース

資産

ユーザー

リースのメリットが低減！

2007年にリース会計基準が改定されて、それまで「経費」としてバランスシートにのせる必要がなかったファイナンス・リースにおけるリース物件を、資産としてバランスシートにのせる義務が生じた。事務処理や会計処理に面倒が増え、リース取扱高が激減した。2016年の米国やIFRSによる会計基準の変更によって、リース業界の中には「同じ轍を踏むのでは」と心配する声も

Chapter1
02
時価会計と取得原価主義会計

リース物件を経費ではなく資産とすることには、企業の「隠れた借金」を明らかにするという目的があります。時価会計を重要視する欧米が、リースの会計基準を現実に合わせて変更するのは、当然のことかもしれません。

帳簿につけるのは今の価格？　購入した時の価格？

取得原価
資産を取得した価格のこと。すべての資産を取得時の原価で評価することを取得原価主義会計という。

株式の持ち合い
株価の安定や、敵対的買収から会社を守るために、金融機関や企業の間で互いの株を持ち合うこと。

　バブル経済が弾ける頃まで、日本は取得原価、つまり購入した価格を帳簿につけていました。例として、株式で考えるとわかりやすいでしょう。当時は金融機関や取引先との株式の持ち合いが盛んで、多くの企業は数十年に渡って売り買いをしないまま、相当数の株式を保有していました。購入した価格と実際に売れる価格は、銘柄によっては何倍もの差がありましたが、バランスシートに書き込まれているのは、購入した時の価格だけでした。

　現実との差額が大きいと予測される会社は「含み益が大きい」といわれましたが、どのくらいの資産になるのかは予想するしかありませんでした。反対に株価が下がっても、株式を売らない限り、含み損は明らかにならなかったのです。含み益や含み損が隠れた決算書は、投資の参考になりません。バブル崩壊によって株式の持ち合いが廃れ、外国人投資家や個人投資家が増えるとともに、日本の会計基準も「今」を反映した時価会計に変わっていきました。グローバルに展開する企業の中には、米国会計基準や国際会計基準（IFRS）で会計処理をするところも出てきました。

　こうした日本の会計基準の国際化の流れの中、会計基準をIFRSに近づけていく過程で、2007年、リース会計基準が変更されたのです。ファイナンス・リース契約は途中解約ができないので、最終的に購入した場合と変わらない金額を支払います。それは借金と同じですが、「経費」として処理すれば、決算書の借金の欄に書く必要がありません。そこで、リースの実態を現実の姿に近づけるために、資産として処理することになったのです。なお米国会計基準やIFRSでは、ファイナンス・リースは最初から資産として計上されていました。例外は日本だけだったのです。

日本企業の会計は、投資家にとってわかりにくかった

昔の日本の会計 **取得原価**

2億円で
買った
オフィス

5000万円
で買った
株など

株式
債権

購入した価格を帳簿につけているため本来の企業価値が見えにくい

儲かっているか
損しているかが
わからない

投資家

そこで——
バブル崩壊後は…

今の日本の会計 **時価会計**

1億円に
下落した
オフィス

3000万円
に下落した
株など

株式
債権

株式や債権、あらゆる金融商品を時価（いまの価格）で見せるように

儲かっているか
どうかが
一目瞭然!

投資家

ちなみにリース会計は…

リース会計 将来支払うリース料を注記として表記していたが、
負債の欄には出てこなかった

これリースなので、
のせません

バランスシートには
のせないの?

企業

投資家

Chapter1
03

リースは欧米では金融業
日本ではサービス業

欧米、特にアメリカでは、リースは有利な会計処理をするためのファイナンス（金融・資金調達）のテクニックとして発展しました。一方、日本では事務作業のアウトソーシング・サービスの1つとして発展してきました。

重宝がられた事務作業のアウトソーシング

　アメリカでも日本でも、リースの草創期は、資金不足で十分な設備投資ができない企業をサポートすることがリース会社の目的でした。具体的には、リース会社が資金不足の企業のために機械などを購入し、一定期間貸し出すというビジネスモデルです。

　やがて、それぞれのお国柄を反映した様々なリース・スタイルが誕生していきました。日本のリース会社は、リースのアウトソーシング・サービス的な側面を強調して伸びていきました。先述したように、2007年まで、ファイナンス・リース物件は経費として処理できたので、減価償却の計算など事務作業は不要です。またリース物件にしておけば、物件の在庫管理はすべてリース会社がやってくれます。環境問題が深刻になり、モノの廃棄に関する規制が厳しくなると、今度は廃棄処理の手続きが不要なことが強調されました。リース物件の持ち主はリース会社なので、処理の責任はリース会社にあるからです。こうしたアウトソーシング・サービスは中小企業から大企業まで重宝がられました。

　一方、アメリカでは、主に会計事務所やコンサルティング会社などがリースという仕組みに着目しました。2018年までは、アメリカでもオペレーティング・リースに関してはバランスシートに計上する必要がなかったので、一部のファイナンス・リースをオペレーティング・リースに書き換えて負債を減らしたり、手持ちの物件をリース物件に変更するリースバックの手法を使って収益を増やすなど、ファイナンスのテクニックとしても利用されてきました。しかし、時には不正処理に発展することもありました。今回の改正により、決算書はよりわかりやすくなったはずです。

アウトソーシング
本来内部でやる仕事やサービスを、外部の会社や人に委託してお願いすること。

▶ 日米で変わっていった、リースの立ち位置

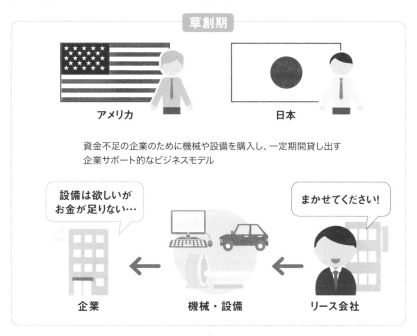

草創期

アメリカ　日本

資金不足の企業のために機械や設備を購入し、一定期間貸し出す
企業サポート的なビジネスモデル

設備は欲しいが
お金が足りない…

まかせてください！

企業　機械・設備　リース会社

時代を経て少しずつ変化…

金融業としてのリースに

アメリカ

会計事務所やコンサルティング
会社が活用するファイナンスの
テクニックに

その結果、一部に
不正会計などの問題も…

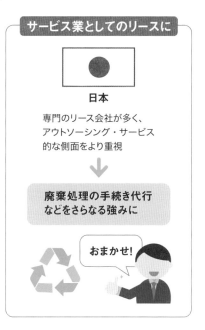

サービス業としてのリースに

日本

専門のリース会社が多く、
アウトソーシング・サービス
的な側面をより重視

廃棄処理の手続き代行
などをさらなる強みに

おまかせ！

Chapter1 04

グローバル化と会計基準

2007年、日本のリース会計基準が欧米の会計基準に合わせて変更された理由は、株式市場をはじめとした日本企業のグローバル化があげられます。現在は、外国法人等の日本株の持ち株比率は3割前後で推移しています。

外国法人等の持ち株比率は3割前後

グローバル化
国家や国境を意識せず、個人や企業が地球規模で結び付いていくこと。インターネットが典型。

持ち株比率
企業の株式に対して、特定の株主がどれくらいの比率を所有しているかを%で表したもの。

リースに限らず、日本の会計基準が国際基準に合わせて変更される理由は、グローバル化の進展とともに、日本企業が外国企業と比較される機会が増えたからです。例えば、リースが日本で誕生してまもない1970年代の日本の株式の持ち株比率を見ると、外国企業等が占める割合は5%前後でした。95%は日本企業や金融機関、自治体、個人などが保有していたため、国際基準との乖離など気にならなかったのでしょう。それどころか、海外企業や敵対企業に自社を乗っ取られないために、企業同士が株式の持ち合いをして、流通する株式を極力減らすといったことが当たり前のように行われていました。このような持ち合いがあるからこそ、長期的な視野に立って投資ができると考えられていたのです。

しかし、現在は違います。外国法人などの持ち株比率は3割前後に高まりました。外国からの投資は、日本の発展に欠かせなくなったのです。国内はもちろん、国を超えたM&Aも活発に行われるようになり、外国企業とのジョイントベンチャーも増えてきました。こうした中、新たに外国企業とビジネスをしたり、海外でビジネスを展開したりしようとすれば、不透明な日本式の決算書は通用しません。そこで、米国会計基準やIFRS（国際会計基準）を導入する日本企業も出てきました。

ちなみにヨーロッパでは、従来は各国がそれぞれ異なる会計基準を使っていました。しかし、それでは企業同士を比較できないということで、2005年にヨーロッパ共通のIFRS（国際会計基準）を作ったのです。このヨーロッパでの改革が後押しとなって、日本の会計基準も海外企業と比較をしやすいように変更されてきたのです。

▶ 海外からの投資増が、会計基準のグローバル化の要因に

外国法人等の持株比率は
5%前後

1970年代の日本

日本企業や金融機関、自治体、個人など、企業の株式を所有するのはほとんどが国内の法人、個人。持ち合いも多く、海外投資家からの厳しい目も向けられなかった

外国法人等の持株比率は
30%前後

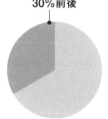

現在の日本

海外投資家比率は30%前後にまでアップ。海を越えたM&Aや日本企業の海外展開も当たり前に。グローバルな会計基準がなければ、通用しなくなった

▶ ヨーロッパの場合は…

かつては…

イタリア　フランス

ドイツ　スペイン

スウェーデン　イギリス

従来は各国がそれぞれ異なる会計基準を採用していたが、「企業同士を比較できない」という課題があった

今では

IFRS（国際会計基準）

2005年12月期以降、ヨーロッパ各国（EU域内）の上場企業に適用が義務化された共通の会計ルール。今や110以上の国・地域で採用されている国際的なルールだ

Chapter1 05

中小企業の会計処理

2007年のリース会計基準の改正によって、リース物件はすべて資産として
バランスシートに計上することになりました。しかし、中小企業は例外です。
中小企業には、別の会計基準が適用されます。

中小企業は異なる会計基準を選択できる

　2007年の会計基準の改正において、中小企業はその影響を受
けません。「中小企業の会計に関する指針」あるいは「中小企業
の会計に関する基本要領」という別の会計基準を選択できるから
です。中小企業はこれまで通り、リース物件を経費として処理で
きます。現在審議されているオペレーティング・リースの会計基
準の改正についても同様でしょう。

　ところで、「中小企業」といっても様々な基準があります。よ
く使われるのは中小企業基本法で定められた定義です。それは、
業種別に資本金と従業員数の上限を決めるという方法です。たと
えば製造業であれば、「資本金3億円以下、もしくは従業員数300
人以下」の条件を満たしていれば中小企業になります。

　しかし、中小企業の会計における中小企業の定義は少し違いま
す。リース業界では、以下の条件に「当てはまらない」企業を、
中小企業と規定しています。1つは「金融商品取引法の適用対象
となる会社」です。具体的には、上場企業や社債を発行している
企業と、それらの子会社や関連会社などです。もう1つは「会社
法上の大会社で、会計監査人を設置している会社」です。大会社
とは、資本金が5億円以上、もしくは負債総額が200億円以上の
会社を意味しています。こうした会社の子会社や関連会社も、中
小企業の定義から外されます。リースの会計基準で条件を満たし
ている中小企業にとっては、会計基準の変更の影響はまったくあ
りません。これまで通りにリース契約のメリットを享受できます。
なお中小企業という条件以外にも、「リース期間が1年以内のも
の」「1件あたりのリース料総額が300万円以下の場合」など、
大企業も使える特例があります。

中小企業基本法
商法の1つで、中小
企業に関する基本理
念や基本事項を示し
たもの。

会計監査人
公認会計士、あるい
は公認会計士が5名
以上で作る監査法人
のこと。大会社は、
会社法第328条で
会計監査人による監
査が義務付けられて
いる。

▶ 中小企業の会計における中小企業の定義

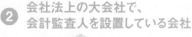

以下の条件に当てはまらない企業

1 金融商品取引法の
適用対象となる会社

上場企業や社債を発行している企業、
またはそれらの子会社や関連会社

2 会社法上の大会社で、
会計監査人を設置している会社

5億円
以上

大会社とは資本金5億円以上、
あるいは負債総額が200億円以上の会社のこと

▶ 大企業と中小企業でリースの取り扱いには大きな差が

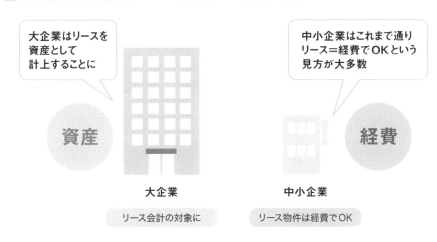

大企業はリースを
資産として
計上することに

中小企業はこれまで通り
リース＝経費でOKという
見方が大多数

資産

経費

大企業

中小企業

リース会計の対象に

リース物件は経費でOK

▶ 大企業でも下記に当てはまる場合は、リース会計の対象外に

360日目

リース期間が1年以内のもの

280万円

1件あたりのリース料総額が
300万円以下のもの

Chapter1 06

ファイナンス・リース離れの本当の理由

リース取扱高は全体に低迷を続けていましたが、個々のリース会社を見ると着実に売上を伸ばしているところも少なくありません。いずれも、リースに一工夫を加えたオペレーティング・リースに力を入れている企業です。

📍 金利の低下で相対的にリースの魅力がダウン

　ファイナンス・リースの取扱高が5兆円前後で踏みとどまっていることに、リース業界は苦慮しています。その原因を2007年のリース会計基準の改正に求める意見は少なくありませんが、「本当の理由は別のところにある」という説もあります。それは金利の低下です。金利が下がっていることで、ファイナンス・リースの手数料が、結果として割高になってきたのです。

　また大企業を中心に空前の利益を上げているところも多く、内部留保は積み上がっています。キャッシュで物品を購入できるので、わざわざリースで初期投資を抑える必要がないのでしょう。加えて、ファイナンス・リースを資産として計上することになったため、購入した場合と会計上の使い勝手はたいして変わらなくなりました。こうしたいくつもの要因で、リースではなく購入した方がよいと考える企業が増えたのです。

　加えて、少子高齢化をはじめとする市場の縮小があります。人手不足も深刻なので、かつての日本のように人口が多く、成長著しいアジアなどに進出する企業が増えています。安い人件費を求めて海外に出る企業もあります。その結果、日本から工場などが移転してしまったために、リースの利用も減少していったといえるでしょう。

　いずれにしても、ファイナンス・リースは約60年前に開発されたビジネスモデルなので、手直しが必要です。実際、ファイナンス・リースの手直しともいえるオペレーティング・リース、海外進出のサポート、購入した物件の廃棄を手伝ったり、在庫管理を請け負うなど、リースにプラスアルファの魅力を付け加えたリース会社は収益が向上しているのです。

金利
貸し付けた資金に対する利子のこと。

少子高齢化
人口に占める高齢者の割合が増加する「高齢化」と、出生率の低下により若年者人口が減少する「少子化」が同時に進行すること。

▶ リース離れの理由は「会計」だけではない？

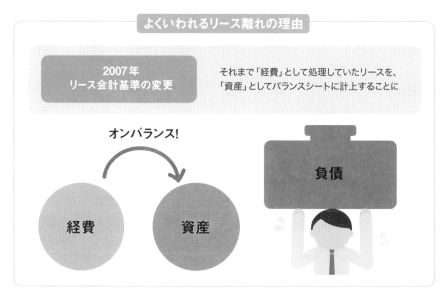

よくいわれるリース離れの理由

2007年 リース会計基準の変更

それまで「経費」として処理していたリースを、「資産」としてバランスシートに計上することに

オンバランス！

経費　資産　負債

▶ その他にも理由がある、という説も…

金利の低下

低金利

他のファイナンス手段に比べ、リースの手数料が割高に

企業の 内部留保の増加

買えるわ！

BANK

キャッシュで買えるので、リースのメリットが相対的に減った

投資意欲が減った

元気ないわ…

少子高齢化や需要減で、国内向けの投資意欲が減っている

Chapter1 07

会計基準が変わると
リースはどうなるのか？

米国会計基準、IFRS（国際会計基準）の変更に伴い、日本の企業会計基準委員会（ASBJ）でも見直しの議論が始まりました。仮に改正された場合、リース業界はどのような影響を受けるのでしょうか。

📍 リース物件の負債額はどのように計算するのか？

オペレーティング・リースのリース物件を資産に計上することになっても「特に問題はない」という予想を立てる人もいます。すでにIFRS（国際会計基準）を選んでいる200社以上の日本企業に、混乱が見られないからです。しかしその200社は、すでにオペレーティング・リースを資産計上しています。仮に基準が変わった場合に影響を受けるのは、この200社以外の上場企業です。そうした会社では、会計基準の変更によって大きな混乱が生じるかもしれません。

もっとも事務手続きに関しては、システムの一部を改良すれば解決する問題だといいます。かつてのように手書きの帳簿や、Excelだけで会計処理をしていたら大変ですが、現在はほとんどの企業が、優れたシステムを使って会計処理を行っています。

一方、何十億円といった巨額な投資をしている企業にとって、オペレーティング・リースで調達している物件が負債扱いになることは不安でしょう。どのくらい効率のよい経営をしているかを測るROAの値が、明らかに下がるからです。とはいえ、それは一過性のものなので気にする必要はないと考える人もいます。

問題になりそうなケースは、リース期間でしょう。A社の事務所のオペレーティング・リースを例に考えてみます。更新は2年ごと、2年間の家賃は合計300万円です。A社は改装して10年ほど利用したいと考えています。2年で解約するなら、A社のリース負債は300万円ですが、10年利用するならリース負債は1500万円になります。中途解約できるにも関わらず、減価償却は膨大になってしまいます。オペレーティング・リースのオンバランス化には、まだまだ議論が必要かもしれません。

Excel
マイクロソフトの表計算ソフト。使い勝手はよいが、何でもこれで解決しようとすると無理がある。

会計処理
1年間の締めくくり、期末決算をするために、日々の処理、月次決算書の作成など、様々な業務をすること。

▶ A社の例で見る「問題になりそうなケース」

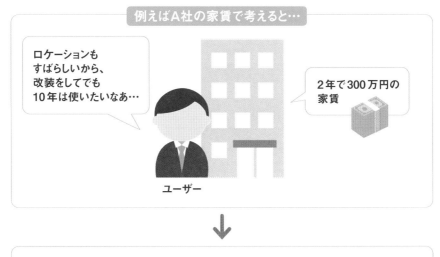

例えばA社の家賃で考えると…

ロケーションも
すばらしいから、
改装をしてでも
10年は使いたいなあ…

2年で300万円の
家賃

ユーザー

↓

 2年で解約すると 家賃合計 300万円 → リース負債は300万円 まあまあわかる許容範囲

 10年で解約すると 家賃合計 1500万円 → リース負債は1500万円 中途解約できるのに リース負債が膨大に

ONE POINT IFRSを会計方式に選んでいる日本企業

　三菱商事、ホンダ、伊藤忠商事、JXTGホールディングス、ソフトバンクグループ、日立製作所。この6社の共通点は何でしょうか。それは一部上場企業の売上ベスト10に入っている企業の中で、「IFRS（国際会計基準）」を会計方式に選んでいる企業です。日本方式よりも「IFRS」を選んでいる企業の方が多いことに、驚いた人もいるのではないでしょうか。ちなみに1位のトヨタは、「SEC（米国会計基準）」を採用しています。

　上場企業全体では、「IFRS」を選んでいる企業は200社以上に上るそうです。「IFRS」導入の大きな理由は、それが世界標準として定着してきたからでしょう。現在、「IFRS」を導入している国は100ケ国以上といわれています。「IFRS」が当たり前になるとともに、「日本方式」は世界で通用しなくなってきました。海外の取引先から「IFRS」での決算書に作り直しての提出を求められるケースもある、ということです。

銀行本体がリース業務に進出

緩められる「兼業禁止」

　リース業界をめぐるトピックの1つは、「銀行」という新たな参入者の出現でしょう。長い間、銀行は他の業務との兼業を禁じられていました。その理由は、客の預金を守るためです。仮に経営に失敗して預金を返せなくなれば、「銀行」という業態に対する信頼が無くなるからです。

　もう1つの理由は、銀行が客の事情を知りすぎていたためです。「あの会社は資金繰りが厳しい」「今はすごく儲かっている」「新事業を模索している」「事業承継を考え始めている」などが典型です。資金調達のサポートを通じて得た情報をもとに新たなビジネスを展開すれば、成功するのは当たり前です。それではビジネスの競争として不公平なので、禁じられてきたのです。

　しかし、現在では資金調達の手段は広がり、預金を集めて安全な客に貸すというビジネスモデルだけでは、銀行自体の生き残りが難しくなってきました。そこで2000年に入った頃から、保険商品の販売、普通銀行の信託業務、証券仲介業務、人材紹介事業など、兼業できる業務が増えたのです。

リース業務の解禁

　2012年には、銀行のリース業務も解禁されました。特に地方銀行が熱心に取り組んでいるといいます。地方銀行は、地場の企業と長く深く付き合っているので、各社の実力をよく知っています。しかし、担保などの問題で融資できないこともあります。リースを手掛けることで、提案の選択肢を増やそうとしているのです。総合リース会社がオペレーティング・リースに軸足を移したスキマを埋めるように、地方銀行はファイナンス・リースを始めました。主役が変わることで、ファイナンス・リースは新しい展開を迎えるかもしれません。

第2章

リースの基本

リースは、実はとっても身近なものです。しかし、その実態を理解している人は多くありません。そもそもリースとは、どんなサービスなのでしょうか？　リースの仕組み、リースの利用者、リースの歴史など、この章ではリースの基本的な全体像を説明します。

あらゆる業界が関わる
リースの仕組み

Chapter2
01

スーパーのレジスター、オフィスの複合機、自動車、航空機……。世の中のほとんどすべての「モノ」は、リースによって調達できます。ここでは、そんなフレキシブルな調達を可能にしているリースの仕組みを解説します。

「所有」ではなく「使う」ことに着目したビジネス

リースは、英語の「lease（賃貸）」が語源です。リース取引とは、つまり「モノの貸し借り」を意味しています。貸し手はリース会社で、借り手は主に企業や官公庁などです。リース業界では、借り手を**ユーザー**と呼ぶので、本書でもそれに合わせて、以降は「ユーザー」という表現を使います。

ユーザーは、ビジネスを進める上で、いろいろなモノを必要とします。IT系企業や通信企業ならPCやサーバーなどが欠かせませんし、メーカーならば、工場や工作機械が欠かせません。

しかし、これらすべてのモノを買おうとすると、莫大なお金が必要です。そこで、お金をセーブする1つの方法として、モノを買わずに「借りる」という手法があります。もっとも、モノを販売する側（**サプライヤー**）は、貸すことに積極的ではありません。販売すれば即座に売上金が入りますが、貸した場合は全額回収に何年もかかり、貸し倒れのリスクもあるからです。

そこで、リース会社の登場です。リース会社はユーザーが欲しいモノを購入して、それをユーザーに貸し出すことで、リース料を受け取ります。サプライヤーは、リース会社から一括で代金を得られるので安心です。ユーザーは、望み通り、初期投資を抑えた設備投資ができます。リース会社、ユーザー、そしてサプライヤーを含めた「三方良し」のメリットが、リース取引で生まれるのです。

「同じお金を払うなら、リースよりも分割で購入した方がいいのでは？」と考える人もいるかもしれません。しかし、リースは「使う」ことに徹した商品調達の仕組みです。後述しますが、購入では得られない様々なメリットがあるのです。

ユーザー
リース会社から商品を借りた「借り手」のこと。企業、官公庁、自治体、個人など。

サプライヤー
商品などの供給者。リース取引では、ユーザーがリースしたい商品を指定する業者のことを指す。

▶ 一般的なモノの貸し借り

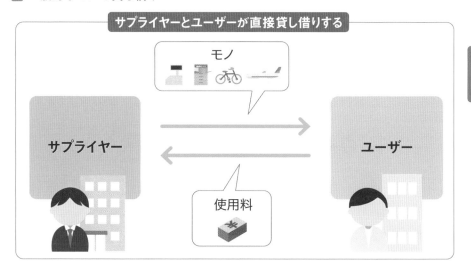

サプライヤーとユーザーが直接貸し借りする

モノ

サプライヤー → ユーザー

使用料

▶ リース取引の仕組み

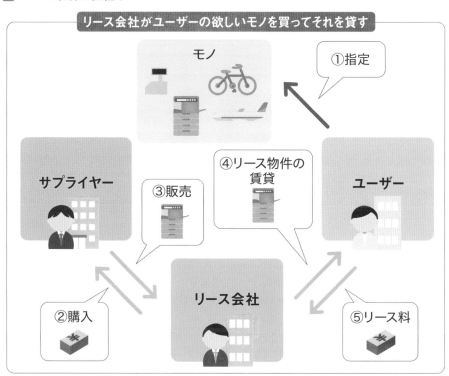

リース会社がユーザーの欲しいモノを買ってそれを貸す

モノ ①指定

サプライヤー ③販売 ④リース物件の賃貸 ユーザー

②購入 リース会社 ⑤リース料

Chapter2 02

ファイナンス・リースと オペレーティング・リース

リースできるモノは多種多様です。数十万円のものもあれば億単位のものも、数年で廃棄するものもあれば、数十年後も価値が残っているものもあります。とはいえ、ここでは大きく2種類のリースがあることを知っておきましょう。

リースは大きく2つの種類に分けられる

ファイナンス
「融資」「資金調達」のこと。

オペレーティング
「営業」「経営上の」のこと。

適正リース期間
法定耐用年数を参考に、リース会社とユーザーの間で決めたリース期間。

フルペイアウト
正確には、リース料金の総額が物件の現在価値の90%を上回ること。

残価
残存価額の略。法定耐用年数のうち、回収できない期間のリース料の合計。

リース取引には、「ファイナンス・リース」と「オペレーティング・リース」の2つの種類があります。そもそもリース取引は、ファイナンス・リースから始まりました。現在もリース契約の9割近くがファイナンス・リースであるといわれています。

ファイナンス・リースの特長は2つです。まず「中途解約ができない（ノンキャンセラブル）」ことです。ファイナンス・リースの契約期間は、適正リース期間を終えるまで続きます。もう1つは「リース料の総額がリースするモノと同額である（フルペイアウト）」ことです。500万円の自動車をリースすれば、リース料の総額が500万円になるという契約です。この2つの条件が揃った契約を、ファイナンス・リースと言います。

それ以外の契約は、すべてオペレーティング・リースになります。要は「中途解約できる」か「全額回収しない」、またはその両方を満たす契約が、オペレーティング・リースなのです。

オペレーティング・リースに向いているのは、しっかりとした中古市場があるものです。身近なモノでは自動車があります。例えば総排気量が2000CC以下の自動車の法定耐用年数は3年ですが、実際には10年以上は使えるでしょう。加えて中古車の買取会社や販売会社もたくさんあります。仮に中途解約されたり、全額回収できなかったりした場合は、中古市場で売ってしまえば、残価を回収できます。

航空機、船舶、医療機器など億単位の高額商品も、中古市場は活況を見せています。新品は高くて買えないので、中古で我慢する企業や病院が多いからです。これらもオペレーティング・リース向きの商品と言えます。

▶ 2つに分かれるリースの形

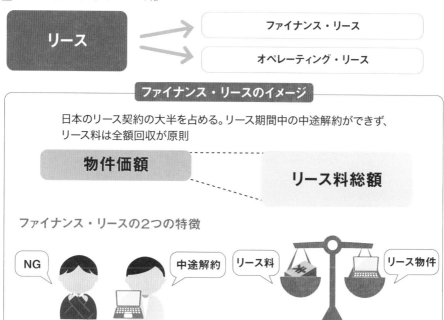

ファイナンス・リースのイメージ

日本のリース契約の大半を占める。リース期間中の中途解約ができず、リース料は全額回収が原則

物件価額　------　リース料総額

ファイナンス・リースの2つの特徴

NG｜中途解約｜リース料｜リース物件

ノンキャンセラブル　　フルペイアウト

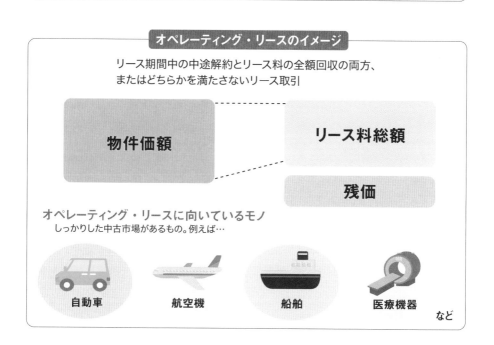

オペレーティング・リースのイメージ

リース期間中の中途解約とリース料の全額回収の両方、
またはどちらかを満たさないリース取引

物件価額　------　リース料総額

残価

オペレーティング・リースに向いているモノ
しっかりした中古市場があるもの。例えば…

自動車　　航空機　　船舶　　医療機器

など

Chapter2 03

リースとレンタルの違いとは？

リースについて学び始めると、多くの人は「レンタルと同じではないか？」という疑問を持ちます。しかし、そこには明確な違いがあるのです。混乱しないように、まずは、リースとレンタルの違いを理解しておきましょう。

📍 レンタルの特徴は相手の在庫の中から選ぶこと

世の中のほとんどすべてのモノは「リース」で調達できます。自動車をリースするなら、国産車でも外国車でも、高級車でも軽自動車でも、自由に選べます。何でも借りられることはリースならではの特徴で、**レンタル**とのもっとも大きな違いです。レンタルの場合、ユーザーはレンタカーの営業所の在庫の中からしか、自動車を選べません。「トヨタ車を借りたかったのに日産車しかなかった」「中型車を借りたかったのに小型車しかなかった」といった**ミスマッチ**がしばしば起こります。

一方、レンタルはリースに比べて手続きが簡単というメリットがあります。自動車をリースで調達した場合、リース会社との間で3年〜5年、会社によっては7年などに渡るリース契約が必要ですが、レンタルなら数時間単位で借りられます。契約期間が短いことは、レンタルの特徴かつメリットです。またレンタルはいつでも解約できますが、ファイナンス・リースは途中解約ができません。借りた商品のメンテナンスは、一般にリースの場合は借りた側、レンタルの場合は貸した側が行います。

なお、建設機械やDVDなどを扱うレンタル業者の中には、レンタルで貸し出すモノをリースによって調達しているところも珍しくありません。このようにレンタルとリースが混在していることも、違いをわかりにくくしている一因かもしれません。

リースやレンタルと近い言葉にチャーターがあります。これは「貸し切り」を意味しており、航空機や船舶、バスといった乗り物に使われます。運転手やメンテナンス・サービスなどがついている場合は「ウェットチャーター」、そうしたサービスなしにモノだけ借りる場合は「裸チャーター」と呼ばれます。

レンタル
料金と引き換えに、一定期間モノを貸し出すこと。貸し手が所有している在庫の中から貸す。

ミスマッチ
組み合わせがうまくいかないこと。「雇用のミスマッチ」「採用のミスマッチ」など。

▶ リースは「選び放題」、レンタルは「在庫から選ぶ」

リース会社

市場

好きなモノを選んでください
購入して貸します

リースの場合は、リース会社がユーザーの
希望車種を市場から購入。それを貸すた
め、自由に何でも選べる

レンタル会社

在庫

この中から選んでください
在庫から貸します

レンタルは、レンタル会社が保有している
在庫の中からしか選べない

ユーザーにとってのメリットは…

リースのメリット

これに
乗りたかった

好きな自動車を
自由に選べる

レンタルのメリット

3時間だけ

契約書

短期間OK！

手続きが簡単！

Chapter2 04

アメリカから始まった
リースの歴史

「設備が必要なのにお金が足りなくて調達できない」。新しいビジネスは、誰かの困りごとを解決することから生まれるものです。リース業界も、まさにそうした困りごとから誕生しました。リース誕生の歴史を見てみましょう。

世界で初めてリース会社が誕生したのは1952年

賃貸借
あるモノを必要としている人と、それを持っている人が有料で貸し借りをすること。

動産
土地や建物などの不動産以外の財産。現金、家財道具、商品など、基本的には動かせる財産が動産にあたる。

リースのルーツは、古代ローマまで遡る**賃貸借**だといわれています。商人の間で特に活発だったのは、船舶に加え、住居や農地です。人に貸せば、土地を手放すことなく収入を得られるからです。このような発想は、多様な**動産**にも広がっていきました。よく取り上げられるのは、1800年代に電話機の貸し出しを始めたベル電話会社と、靴の製造機メーカーのユナイテッド・シュー・マシナリー社です。その後、多様なメーカーが商品の貸し出しを始めましたが、そこには新たな狙いが加わりました。「機械のメンテナス部品や付属品の販売をする」「機械の更新時に再び利用してもらう」といったものです。賃料だけではなく、メンテナンス費用や付属品なども売上利益としたのです。こうした考え方は、IBMやゼロックスをはじめとする事務機器のレンタルに応用されました。事務機器は技術の進歩が早く、すぐに陳腐化するので、レンタルの利用者はどんどん増えていったといいます。

やがて鉄道車両専門、船舶専門、機械専門といった、専門のレンタル会社が続々と登場しました。そして1952年、多様なモノを扱う世界初の総合リース会社「U.S.リーシング社」が誕生したのです。設立者のヘンリー・ショールフェルドは、元食品加工メーカーの社長です。古くなった機械を買い替える資金が不足したことから、リースの仕組みを考案したそうです。1960年代には、**国法銀行**や州法銀行がリース業を営むことが認められました。それによって、リースは高度に便利になりました。U.S.リーシング社が誕生した10年後には、遠く離れた日本でも、日本リース、オリエント・リースなど様々なリース会社が誕生しました。リースは優れた仕組みだということが、日本の人々にも認められたのです。

国法銀行
連邦法に基づき運営される米国の商業銀行。州法に基づき運営されるのは州法銀行。

▶ リースの歴史・抜き出し年表

時代	世の中のできごと	リース業界のできごと
紀元前753年～	古代ローマ帝国が栄える。	土地や建物、船の「賃貸借」が始まる。
1800年代後半	アメリカで南北戦争（1861年～65年）。	ユナイテッド・シュー・マシナリー社が製靴機械の賃貸を始める。次いでベル電話会社も電話機の賃貸をスタートする。
1952年	サンフランシスコ平和条約批准。	世界初の専業リース会社、U.S.リーシング社設立。
1963年	日本初のテレビ中継実験成功。	日本初のリース会社、日本リース・インターナショナル設立。
1970年	大阪万博（日本万国博覧会）開催。	日本のリース取扱高が1000億円を超える。
1971年	マクドナルドの日本1号店が銀座にオープン。カップヌードル発売。	社団法人日本リース事業協会設立。
1979年	第2次オイルショック	リース取扱高1兆円突破。
1984年	グリコ森永事件。『ドラゴンボール』連載開始。	投資減税、リース取引に適用される（メカトロ税制）。
1987年	国鉄が民営化してJR誕生。	リース取扱高5兆円突破。
1990年	大学入試センター試験スタート。東西ドイツ統一。	リース取扱高8兆円突破。
1993年	Jリーグ開幕。	リース会計基準の公表。
1998年	長野オリンピック開催。	リースの取引税務取扱が、法人税法施行令に規定される。
2007年	郵政民営化。東京マラソンが始まる。	大手リース会社同士の統合が進み、リース会社が大型化。

Chapter2 05

リースは金融サービスの1つとして発展した

金融は「資金」と「融通」からきている言葉で、お金が余っている人と足りない人の橋渡しを意味しています。銀行、証券、保険をはじめ、金融には様々なサービスがありますが、リースもその1つとして発展した経緯があります。

📍 資金繰りに苦労する中小企業にやさしい金融

社員の給与や、オフィスの家賃、商品の仕入代金をはじめ、企業は、様々な場面でお金が必要になります。個人の貯金にあたる「内部留保」がたくさんある企業なら、必要に応じて、そのお金を取り崩して支払うことができます。しかし、そんなお金持ちの企業ばかりではありません。

そんな時に頼りになるのが、銀行などの金融業です。銀行は運転資金や設備投資資金など、ビジネスに必要な資金を現金で貸してくれます。その他、消費者金融、信販会社をはじめ、ノンバンクの中にも融資をしているところがあります。また、優良企業であれば、東京証券取引所など株式市場に上場し、株式の販売を通じて、個人投資家などを含めた不特定多数の人からお金を集めることができます。この手伝いをしているのが証券会社です。

それに対して、リースは金融サービスとして、どのような役割を担っているのでしょうか。すでに述べたように、リースの大半はファイナンス・リースです。ファイナンス・リースは、支払うリース料金の総額と、購入した場合の価格がほぼ同じなので、実質的には分割で購入することと変わりません。しかし、使いやすさはまったく違います。特に中小企業の場合、銀行から購入のための資金を借りることは簡単ではないからです。銀行は基本的に**担保**をとるので、担保がなければ借りられません。仮に担保があっても、銀行は借入総額を見るため、将来、運転資金などを借りたくなっても、融資を受けられなくなる可能性があります。それに対してリースは、モノを借りているだけなので借入にはなりませんし、担保も不要です。借入を増やしたくない企業にとって、リースはとても便利な手段なのです。

ノンバンク
預金や決済機能を持たずに融資を行う金融会社の総称。リース会社やクレジット会社なども含まれる。

担保
借りた資金を返済できなかった場合に備えて、あらかじめ借り手が貸し手に差し出す借金返済を補填する手段。

▶ リースと銀行を比べてみると

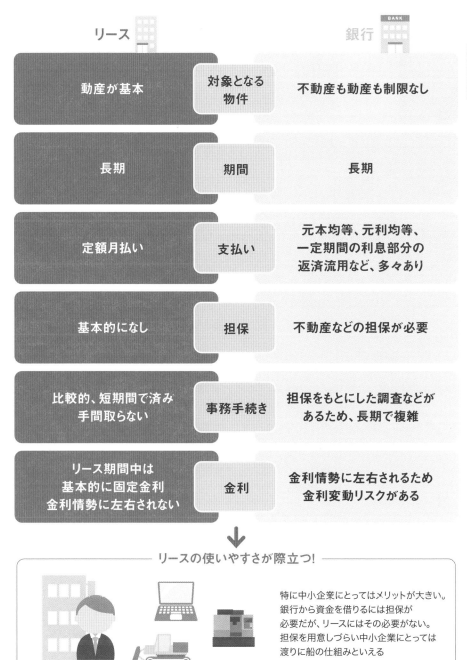

	対象となる物件	
リース		**銀行**
動産が基本	対象となる物件	不動産も動産も制限なし
長期	期間	長期
定額月払い	支払い	元本均等、元利均等、一定期間の利息部分の返済流用など、多々あり
基本的になし	担保	不動産などの担保が必要
比較的、短期間で済み手間取らない	事務手続き	担保をもとにした調査などがあるため、長期で複雑
リース期間中は基本的に固定金利金利情勢に左右されない	金利	金利情勢に左右されるため金利変動リスクがある

↓

―― リースの使いやすさが際立つ！ ――

特に中小企業にとってはメリットが大きい。銀行から資金を借りるには担保が必要だが、リースにはその必要がない。担保を用意しづらい中小企業にとっては渡りに船の仕組みといえる

日本経済の高度成長を支えた リース業界

日本のリース会社第1号が誕生したのは、1963年です。当時は市場に出回るお金の量は常に不足気味で、銀行は企業の資金需要に十分応えることができませんでした。その補完役として、リースは急成長を遂げたのです。

お金ではなくモノを貸すことの意味

高度経済成長
経済成長率が著しいこと。日本の場合、1950年代から20年間に渡って平均10%近くの経済成長を遂げた時期を指す。

　経済成長率が年平均10%以上続いた日本の**高度経済成長**期は、作れば作っただけモノが売れるという時代でした。中小企業から大企業まで積極的に設備投資を行い、人もどんどん採用していました。つまりどの企業も、多額のお金を必要としたわけです。

　しかし、物事には順序があります。製品を作るためには十分なエネルギーが必要ですし、製品の材料となる鉄やプラスチックなども必要です。モノを運ぶためには、道路も整備されていなくてはいけません。第二次世界大戦で壊滅的な打撃を受けた日本は、こうした**インフラ産業**から整え直さなくてはならなかったのです。

インフラ産業
ダムや道路、発電所、あるいは学校や病院、インターネット環境など、経済活動や社会活動の基盤の形成を担う産業。

　銀行はこのような産業に優先的に貸し付けるので、他の企業、特に中小企業には、なかなか順番が回ってきませんでした。この中小企業の満たされないニーズをつかんだのが、リース業界だったのです。欲しいものを告げれば、リース会社が調達してくれます。しかもリース期間は長期です。中小企業が銀行等から長期でお金を借りるのは大変ですが、リース会社を利用することで、実質的に長期の借り入れができたわけです。無担保も魅力でした。また前述したように、リースの利用は借入額にカウントされないので、銀行に借入を申し込む際のネックにもなりません。

　このように、リースの様々なメリットは、たちまち多くの企業に理解されました。こうして1963年の日本リース・インターナショナルに続き、オリエント・リース、住商リース興産などが次々に誕生し、1979年には取扱高は1兆円に達しました。

　また、政府はリースが銀行とは違う融資の流れを作ることに着目し、中小商店の近代化や公害対策費用などにリースを利用した場合に、助成金を出すようになりました。

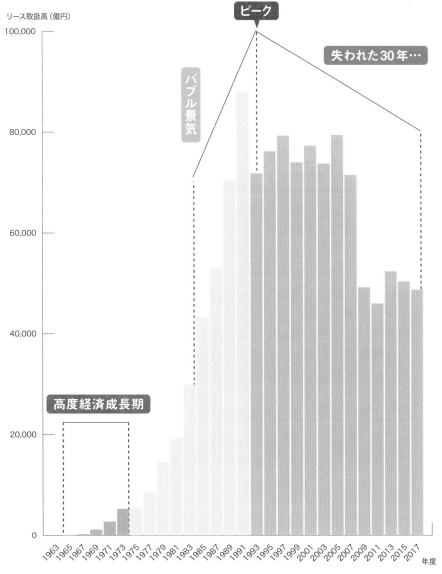

リース取扱高の推移

高度経済成長成長期に連動するように右肩上がりを始め、90年前後の
バブル経済期にピークを迎えたことが目に見えてわかる

リース取扱高（億円）

ピーク

失われた30年…

バブル景気

高度経済成長期

100,000
80,000
60,000
40,000
20,000
0

1963 1965 1967 1969 1971 1973 1975 1977 1979 1981 1983 1985 1987 1989 1991 1993 1995 1997 1999 2001 2003 2005 2007 2009 2011 2013 2015 2017
年度

※出典：リース統計（2018年度）／リース事業協会

Chapter2 07

リースバックという仕組み

リースは、新しいモノだけを調達する手段ではありません。すでに購入して使用しているモノを、リース物件に変更するというサービスもあります。それが「リースバック」という仕組みです。

ユニークな資金調達の一手段

リースバックの正式名称は「セール・アンド・リースバック」取引です。セールの言葉がつくことからもわかるように、この取引には売買が伴います。それは、すでに購入して使用しているものを、**取得価額**から**減価償却**累計額を控除した簿価でリース会社に買い取ってもらう取引です。リースバックでは、リース会社は買い取ったからといって、そのモノを持ち帰るわけではありません。買い取った物件を今度はリース物件として、もとの持ち主に貸すのです。ユーザーはリース料金を払って、これまで通り、そのモノを利用することができます。

それでは、自分の所有物をリースに変更するというのは、どのような時なのでしょうか。1つは事務の合理化のためです。例えば新しい工場を新設した、あるいは新しい店を作ったといった場合は、多様な設備が必要になります。時には複雑な手続きを通して海外から輸入することもあれば、リース物件と購入したモノが混在していることもあります。こうした場合、リース会社がすべて整えるのは大変なので、最初にユーザーがすべて購入し、後からリースに変更するという手法が取られることがあります。これが典型的なリースバックです。資金調達の1つの手段として活用されることもあります。

資金調達のためにモノを売って現金化しても、リースバックにすれば、会社の設備はこれまで通りです。生産活動や営業活動などに影響が出ることはありません。リース会社から実質的に借りたお金については、毎月のリース料という形で返済します。資金調達の1つの手段として覚えておきたいものです。

取得価額
物品などを購入した時の価格。購入の際に発生した手数料などの費用も含まれる。

減価償却
新品の機械でも、使用していればいずれ価値はゼロになる。そうした価値の減少を費用として計上する会計処理。

▶ 自分のモノを「売って、借りる」リースバック

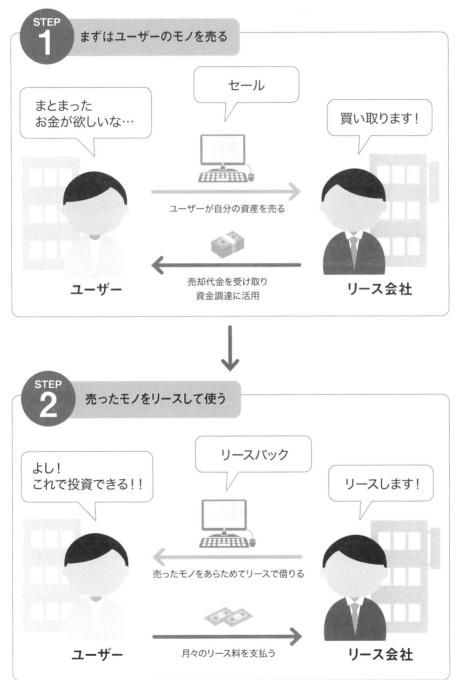

Chapter2 08

リースに向く物件、向かない物件

リースではほとんどすべてのモノをリース物件にすることができますが、物件によっては、リースにしない方がいいものもあります。ここでは「リースに向くもの」「向かないもの」について見ていきましょう。

リース取扱高1位は情報通信機器

　リースでもっとも多く取り扱われているモノは何だかわかりますか？　リースの取扱高でもっとも多いのは、情報通信機器です。その後は輸送用機器が続きます。

　リースの取扱高が多いモノの1つ目の特長は、「高額なこと」です。医療機器や航空機などは典型でしょう。2つ目の特長は、「定期的に買い替える」モノです。コピー機やプリンターなどの事務用機器、ブルドーザーや油圧ショベルをはじめとした建設機械などが好例でしょう。リース期間は、次の更新時期にあわせて設定されます。技術の進歩が早いモノでは、このように無理なく新しい機種に更新できる仕組みが特に重要です。もちろん、何が何でも新しいモノに更新する必要はありません。例えば「まだまだ動くので、もう少し使いたい」「気に入ったものがないので、次の新製品が出るまで、これを使いたい」といったケースに対して、再リースの仕組みを用意しているリース会社もあります。

　それでは、反対にリースに向いていないモノは何でしょうか？　それは個人向けのリースです。企業にとってリースには、節税、事務作業の効率化、借入額の圧縮など、利益を増やすための様々なメリットがありますが、個人にはそれがないからです。加えて個人は、企業のように頻繁な買い替えをしません。テレビでも冷蔵庫でも、10年くらい使うことはざらです。一方、リース会社は、リース期間の上限を国が定めた耐用年数としているので、テレビは5年、冷蔵庫は6年となります。仮にテレビをリースにして10年使うと、5年間も再リース料を払い続けなければなりません。できるだけ長く使うという場合は、リースではなくクレジットなどを利用して購入した方が得になります。

再リース
リース期間を延長すること。一般にリース料金は当初の1割程度に下がる。

クレジット
「信用」や「出所」などの意味。ここでは信用販売、割賦販売のことをいう。

▶ 機種別リース取扱高構成比を見ると…

> 情報通信機器が圧倒的にトップ
> 輸送用機器、商業およびサービス業用機器がそれに続く

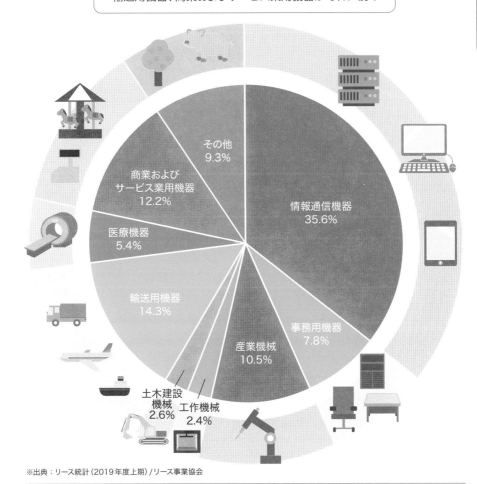

その他
9.3%

商業および
サービス業用機器
12.2%

医療機器
5.4%

情報通信機器
35.6%

輸送用機器
14.3%

事務用機器
7.8%

産業機械
10.5%

土木建設
機械
2.6%

工作機械
2.4%

※出典：リース統計（2019年度上期）／リース事業協会

ONE POINT　　**生き物もリース物件にできる**

リースの対象になるのは減価償却資産、つまり10万円以上の耐久性のある事業用資産です。オフィス内を見渡すだけで、10万円以上のモノはたくさん見つかるでしょう。リースに向くか向かないかは別にして、そのほとんどすべてをリース物件にできます。それはモノだけではありません。桃や梅といった果樹、さらに牛や馬などの動物もリース物件にすることは可能です。

Chapter2 09

リース導入のメリット①
資金繰りの改善

企業が感じるリース導入のメリット第１位は、「設備導入時に多額の資金が不要なこと」です。そもそもリースが誕生した理由も、それでした。リースを利用することで、どのように出費を抑えられるのか具体的に見ていきましょう。

📍 必要な設備投資を少なくできる

　企業が存続していくためには、様々なお金がかかります。中でも、給与、仕入れ、オフィスなどの賃料、保険料などは、売上とは関係なく発生する費用です。入金の時期と支払いの時期がずれれば、お金が足りなくなり、支払いができません。そうした事態に備えるための資金が**運転資金**で、多くの企業は銀行などの金融機関で調達しています。言い換えれば、金融機関からお金を借りるほどギリギリの状態で、企業経営は行われているのです。

　一方、商品やサービスはたちまち陳腐化するので、企業は定期的に新規事業をスタートさせる必要があります。しかし、いつ稼げるようになるのかわからない新規事業に多額のお金をかける余裕はありません。そこで、多くの企業は機械など新規事業に必要なモノをリースによって調達するのです。リースであれば、月払いなので**初期投資**が少なくて済みます。また、リースの利用によって浮いた資金を、会社の運転資金や次の新規事業を起こすための事業資金に使うこともできるでしょう。

　それに対して、新規事業に必要なモノを現金で購入した場合、手持ちの資金が減り、運転資金が足りなくなるかもしれません。銀行からお金を借りて購入すれば、手元の資金は減りません。しかし、銀行から借りられる総額は企業ごとに設定されているので、機械等の購入で借入をすれば、借入の枠が小さくなります。運転資金が足りなくなったりした際に、追加の融資を受けられなくなる可能性もあります。一方リースであれば、モノを借りているだけで、お金は借りていないため、銀行からの借入への影響が少なくて済みます。いざという時に備えて、借入可能な枠はなるべく残しておきたいのです。

運転資金
商品やサービスを販売してから実際に入金されるまでのタイムラグで、一時的に足りなくなったお金を補うための資金。

初期投資
新規事業や新規開店、起業など新しい事業を始めるために必要な資金。

▶ リース利用のメリット、トップ8

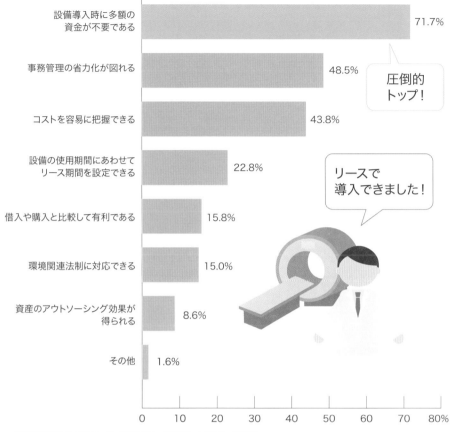

設備導入時に多額の資金が不要である **71.7%**

圧倒的トップ！

事務管理の省力化が図れる **48.5%**

コストを容易に把握できる **43.8%**

設備の使用期間にあわせてリース期間を設定できる **22.8%**

借入や購入と比較して有利である **15.8%**

リースで導入できました！

環境関連法制に対応できる **15.0%**

資産のアウトソーシング効果が得られる **8.6%**

その他 **1.6%**

0　10　20　30　40　50　60　70　80%

「所有権移転外ファイナンス・リースのメリット」をアンケート調査（n=1278）。
※出典：リース需要動向調査報告書（2015年）／リース事業協会

▶「資金繰りの改善」メリットが有効な理由

1　運転資金に回せる

給与、仕入れ、オフィス賃料など、企業活動に必要な運転資金は膨大にある。
リースを活用すると設備投資費用が浮き、これらに回せる

2　新規事業に回せる

競争の激しいこのご時世、新規事業に挑戦し続けなければ、会社はすぐに陳腐化する。
事業を創造するための設備投資をリースにまかせる意義は高い

Chapter2
10

リース導入のメリット②
事務手続きが簡素化できる

リース導入のメリットは多々あります。例えばリースを利用している企業に
アンケートをとると、利用する理由の上位に「事務管理の省力化」があげら
れます。どのように事務処理が楽になるのでしょうか?

事務管理作業のアウトソーシング化を図れる

　企業にとって、事務コストの削減は大きな課題です。様々なオフィス機器を導入しているのも、事務コストを削減するためです。そしてリースが好まれているのも、事務コストを大幅に削減できる、事務作業のアウトソーシング機能があるからです。実際、リースの導入理由の上位には、常に「事務管理の省力化・コスト削減が図れる」が入っています。

　例えば、カラオケボックスで貸すタンバリン、回転寿司屋の皿などが、実はリースであることも珍しくありません。リース会社が、それらの管理を代行してくれるからです。回転寿司の場合、リースを利用すれば、ICタグやバーコードなどを使った皿の在庫管理、客が食べた皿数の読み取り、回転レーン上に置かれた時間で測る鮮度管理など、多様な仕組みを提供してもらえます。

　また中小企業にとっては、減価償却費の計算等から経理処理を解放できるというメリットもあります。高額な機械であっても、リースで手に入れたものは資産とはみなされないので、**バランスシート**にのせる必要はないからです。月々のリース料を**損益計算書**に費用として計上するだけなので、事務作業が簡単になるのです。一方、自動車のようにリース料金にメンテナンス費用、車検費用、税金などが含まれているリース契約もあります。出費は毎月一律なので、車検の時期の資金繰りを考える必要も、メンテナンス等のスケジュールを考える必要もありません。

　このように、企業がビジネスを進めていく上で必要になる様々な事務作業、管理作業を、リースは軽減してくれるのです。それにより、事務管理に関わるコストを削減し、その分の資金を、新規事業など他の業務に回すことができるのです。

バランスシート
貸借対照表。会社が持っている財産と、それらの財産の調達先を表にしたもの。

損益計算書
会計期間のすべての収益と費用を記載して、どれだけ儲かったかを表す表。企業の経営成績表ともいわれる。

▶ 「購入」と「リース」で事務手続きはこれほど違う

購入した場合の事務手続き

減価償却費の計算

固定資産税の納付手続き

固定資産税の申告

物件にかける保険の契約・支払い

物件の管理

処理するのが大変だ…

ユーザー

リースした場合の事務手続き

リース料の支払伝票

手配しました！

あとはおまかせ！

リース会社　　　　　　ユーザー

▶ 回転寿司店における「事務手続きメリット」

回転寿司の皿をリース契約している場合…

皿の在庫管理をICタグで管理

客が食べた皿数の読み取りもラクに

鮮度管理までシステムで管理

代行

などをリース会社で代行することも可能

Chapter2 11

リース導入のメリット③
設備の廃棄が簡便に

環境問題が深刻になるとともに、厳しくなっているのがモノの廃棄です。廃棄に関する様々な法律ができ、廃棄の方法は複雑になる一方です。リース会社は、こうした中で廃棄のノウハウを蓄積していきました。

📍 面倒な廃棄処分もリースにまかせる

不要になった工作機械、複合機、医療機器などは、どうやって廃棄すればよいのでしょうか。それどころか、どのように運ぶのかすら想像がつかない人が大半でしょう。世の中には、産業廃棄物を処理する産廃処理業者がたくさんありますが、中には**不法投棄**を平気で行うような悪質な会社もあります。そうした業者に依頼をすれば、環境の悪化に加担することになり、依頼者もまた罰則を受けます。

こうした中で急速に注目を集めているのが、廃棄のプロとしてのリース会社です。リース期間が終了すれば、リース会社が引き取ります。まだ使えそうであれば、中古品としてリースをしたり、中古市場で販売したりするケースもあります。場合によっては、部品をリサイクルに回すこともあります。

廃棄することになった場合は、**廃棄物処理法**に基づいて適切に処理をします。リース業者は長年、廃棄に携わっているため廃棄のノウハウが積み上がり、ある意味、廃棄のプロともいえる存在になっているのです。パソコンなどを処分する時には、データの消去などを手掛けるリース会社もあります。

こうした機器類をリースではなく所有していた場合、企業は廃棄物処理法に基づいて、産廃処理業者と一緒にどのように廃棄するのかを決めなければなりません。さらに、本当に決めた通りに処理をしたのか、現地まで足を運ぶことも必要でしょう。廃棄物処理を手掛けたことがない企業にとって、こうした一連の作業は、かなりの負担です。環境問題が深刻になり、廃棄物処理規制も厳しくなりました。結果、廃棄物処理の観点からも、リースのメリットが見直されるようになったのです。

不法投棄
廃棄物（一般廃棄物・産業廃棄物）をルールに従って処理をしないで、山林、原野、空き地などに捨てたり埋めたりすること。

廃棄物処理法
正式名称は「廃棄物の処理及び清掃に関する法律」。廃棄する時の適正な処理などを定めた法律。公害が深刻だった1970年に公布された。

▶ リース物件の処理は以下の「環境基本法」に基づいて行う必要がある

> **環境基本法**
> 環境についての基本理念といえるもの。1993年に制定

> **循環型社会形成推進基本法**
> 環境基本法に基づいた、基本的な枠組み法

> **廃棄物処理法**
> 廃棄物の適正処理について示した法律

> **資源有効利用促進法**
> 再生利用の促進をするための法律

個別物品の特性に応じた規制

- 容器包装リサイクル法
- 家電リサイクル法
- 食品リサイクル法
- 建設リサイクル法
- 自動車リサイクル法
- 小型家電リサイクル法

グリーン購入法

国が率先して再生品などの調達を推進するための法律

リースのデメリット

中途解約ができないことの意味

　これまで主としてファイナンス・リースのメリットについて述べてきました。しかし、メリットがあれば、必ずデメリットがあるものです。ファイナンス・リースのデメリットについても知っておきましょう。

　多くの人が、ファイナンス・リースの最大のデメリットとして「中途解約ができない」ことをあげます。リース契約は5年や10年など長期におよびます。しかし現在のような変化が激しい時代には、5年先、10年先に会社がどうなっているのか予測することは困難です。仮に設備が不要になっても、会社が倒産しても、リース料金は支払い続けなくてはなりません。リースが将来、想像以上に大きな負担になることが想定されるのです。

所有権がないので勝手に手放せない

　もう1つのデメリットは、「リース物件はユーザーに所有権がないこと」です。所有権があれば、不要になったり、資金繰りが厳しくなったりした場合に、中古市場で売ることもできます。しかしリース物件は、勝手に売ることはできません。満了になればリース物件を返却しますが、仮に壊れていれば、ユーザーが自腹で修理をしなければなりません。物件を気に入ったからあと何年か使いたいといったケースでは、再リースをしたり、買い取ったりしなくてはならないので、その分、費用が発生して購入よりも高くつきます。

　このような理由により、新しい設備を導入する時には、「金融機関からお金を借りて購入するのか」「内部留保で購入するのか」「リースを利用するのか」悩むのです。もっとも、返せない場合の心配ばかりしているユーザーには、貸す方も心配になります。どのような調達手段をとるにしても、貸し手の心に響くのは「絶対に返してやる」という強い決意だといいます。

第3章

リースのビジネスモデル

「リース会社はどうやって売上・利益を出しているのか」「リース料金を払わない顧客がいたらどうすればいいのか」「リース期間が終わった物件はどうしているのか」。この章では、主としてリース会社のビジネスの仕組みについて解説します。

Chapter3 01

リース会社の収益源は手数料

リース会社は、航空機でもタンカーでもビルディングでも、ユーザーが望めば、どんなに高額なモノでもわざわざ購入して貸してくれます。それほど高い購買力を持つリース会社は、どのように収益を得ているのでしょうか。

借りたお金でリース物件を調達

リース会社の運営には、とにかくお金が必要です。リース物件として貸し出すために、ユーザーの希望に応じてモノを購入するからです。時には航空機のような、数十億円にもおよぶモノを購入することもあります。多くの人は、「そんなに高額なものを次から次へと購入できるリース会社は、よほど資金に余裕があるにちがいないと思うかもしれません。しかし、リース会社に莫大な内部留保はありません。実は、銀行などから資金を借りて、そのお金でリース用の物件を購入しているのです。

リース会社の収益源は、毎月のリース料に含まれる手数料です。手数料には、リース会社の販管費や物件の取得価額、利益などが含まれています。手数料を高くすれば儲かりますが、むやみに引き上げるわけにはいきません。手数料を上げるためにリース料を高く設定すれば、ライバル会社がユーザーを横取りするためにリース料を下げてくる可能性があるからです。

一方、ユーザーは複数のリース会社のリース料だけではなく、銀行の金利とも比較をします。リースにするよりも、銀行から資金を借りて購入した方がはるかに安ければ、ユーザーはリースではなく購入を選ぶでしょう。

リース料を高くせず、手数料をより多く確保する方法は、リース物件を購入するための資金調達コストを下げることです。ライバル社より低い金利で銀行から資金を借りたり、債券などを発行して市場から直接資金を調達するなどして、調達コストを安く抑えられれば、その分だけ手数料を高くできます。

リース料
リース物件の調達にかかった額をリース期間で割ったもの。ユーザーはリース期間中、リース料を払い続ける。

販管費
営業など、商品を販売するためにかかった費用と、総務など組織を維持するための管理費用の合計。

▶ 物件価額をいかに下げるかが、リース会社の勝負どころ

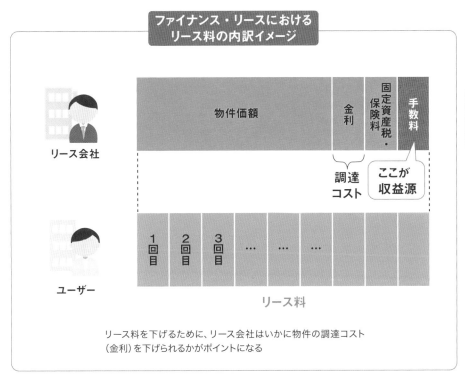

**ファイナンス・リースにおける
リース料の内訳イメージ**

リース会社

ユーザー

物件価額　金利　固定資産税・保険料　手数料

調達コスト

ここが収益源

1回目　2回目　3回目　…　…　…

リース料

リース料を下げるために、リース会社はいかに物件の調達コスト
（金利）を下げられるかがポイントになる

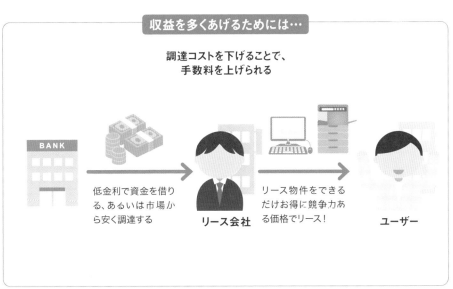

収益を多くあげるためには…

調達コストを下げることで、
手数料を上げられる

BANK

低金利で資金を借り
る、あるいは市場か
ら安く調達する

リース会社

リース物件をできる
だけお得に競争力あ
る価格でリース！

ユーザー

Chapter3 02

リース料の内訳

リース料は定額で、基本的には月払いです。リース料には、どのような項目が含まれているのでしょうか。リースが成立するまでに、どんな費用がかかっているのか、リース料の中身について解説します。

📍 リース料の内訳とリース料率

　リース会社がリース物件を用意するために、まず必要となるのは購入資金です。購入資金は、多くの場合、銀行をはじめとした金融機関から調達するため金利がかかります。そして、お金を調達できたらリース物件を購入するので、物件の購入費用がかかります。これを「物件価額」といいます。購入したリース物件はリース会社の所有物になるので、今度は税金がかかります。自動車を例にとれば、自動車税や重量税などが、それにあたります。ユーザーがリース契約しようとする物件は一般に高額物件なので、自動車同様、保有することで固定資産税をはじめとした税金が発生します。リース物件はリース会社が所有しているので、税金は全てリース会社が負担しなければなりません。リース会社はリース物件に保険をかけるため、さらに損害保険料がかかります。保険など不要と考える人もいるかもしれませんが、例えば火災や水害などによってリース物件が壊れたりすれば、大変なことになります。ユーザーは壊れた物件をリース会社に返却し、今後支払う予定だったリース料を一括で支払わなければなりません。被災して大変な時に、こんな事態になったら大変なので、貸し出す前に保険をかけておくのです。

　このようにリース料には、取得価額、資金調達コスト、税金、損害保険料、手数料が含まれますが、リース会社は見積書や請求書に詳しい明細を書きません。リース料が安いか高いかを判断するために便利なのがリース料率です。金利と間違えやすいのですが、これはリース料を取得価額で割った数字です。物件価額に対して、毎月何％支払っているのかを意味しています。同じ条件で、複数のリース会社のリース料を比較できます。

固定資産税
1月1日に、土地、家屋、償却資産（機械、船舶、航空機、工具など）を所有している人が支払う税金。

リース料率
月額のリース料が物件購入額の何％に当たるのかを示した数字。100万円のリース物件で月々のリース料が2万円ならリース料率は2％。

▶「リース料」には何が含まれているのか？

リース料の内訳はユーザーに示されないが、下記が必ず含まれている。取得価額とそれ以外のコストをまとめたものを投資元本とし、利回りを考えてリース料（回収金額）を決める

取得価額　リース会社がサプライヤーに支払うリース物件の代金

金利　リース物件を購入するための資金として、リース会社が金融機関から借りたお金の利息

税金　設備の所有者が支払う固定資産税などの諸税

保険料　火災や水害などの被害に備えて入る動産総合保険料

手数料　リース会社の販管費、利益

▶ リース料率とは？

リース料　÷　取得価額　＝　リース料率

月額のリース量が物件購入額（取得価額）の何％かを表す数字

Chapter3 03

リースの申し込みから 終了までの流れ

リース契約は、ユーザー、リース会社、サプライヤーが関わる、少し複雑な取引です。ユーザーが自由に選んだ物件は、どのような手順を踏んでリース物件に生まれ変わるのでしょうか。リース契約の流れについて説明します。

物件借受書の発行でリーススタート

ユーザーがリースを利用するための第一歩は、借りたい物件を具体的に決めることです。ユーザーは、工作機械の販売代理店、医療機器の営業所といったサプライヤーと相談して、具体的に欲しい商品、および細かい仕様までを詰めていきます。

商品とその仕様が決まったら、次はリース会社を探します。サプライヤーがリース会社を探して紹介するケースと、ユーザーが自ら探すケースの両方があります。通常は、複数のリース会社を候補にあげ、各リース会社から見積もりをとり、もっともよい条件を出してきたところに依頼します。

ユーザーがリース会社を決めたら、今度はリース会社が、このユーザーとリース契約を結んでも大丈夫かどうか、決算書や事業の将来性など様々な観点から審査を行います。リース会社が「このユーザーは毎月滞りなくリース料を支払ってくれそうだ」と判断すれば、リース会社はユーザーとの間でリース契約を結びます。契約を結んだら、リース会社はサプライヤーにリース物件を発注します。

サプライヤーは、リース会社から注文を受けると、ユーザーにリース物件を納品します。ユーザーは納品された物件が注文通りか、壊れていないかなどを確認します。問題がなければ、ユーザーはリース会社から物品を借りたことを証明する「物件借受書」を発行します。この書類が発行されたら、リース会社はサプライヤーにお金を支払い、ユーザーのリース料の支払いが始まります。

リース期間が終了に近づくと、ユーザーはリース物件を返却するのか、再リースするのかを決める手続きを行い、リース期間が終了するのを待ちます。

見積もり
取引を行うかどうかを判断するための資料。製品やサービスの金額や条件などが提示されている。

審査
条件を満たしているか調べたり、優劣や等級などを判断したりすること。

▶ リース契約はこのように進む

1 ユーザーが借りたい物件を選ぶ
ユーザーに、具体的な製品名、仕様、価格などを明確にしておいてもらう

2 リース会社の選択
リース会社によってリース料が変わるため、見積もりをとる

3 審査
導入する設備を決めた上で、ユーザーを調べ、与信を判断する

4 リース契約
与信に問題なければ、契約。正式にリース料の見積もりを出し、リース契約を行う

5 売買契約
リース会社がサプライヤーへ発注し、売買契約を行う

6 リース物件の納入
サプライヤーがリース物件をユーザーのもとへ納入する
発注書などはリース会社が受ける

7 リース開始
もろもろの書類の手続きを行ったのち、リース開始。月々のリース料が支払われる

8 リース期限終了
リース物件返却、あるいは再リースの手続きを行う

Chapter3 04

無担保で契約するリース会社の 与信管理力

リース会社はユーザーに変わって必要なものを購入するため、実質的にお金を貸しているのと変わりませんが、リース会社はユーザーから担保をとりません。どのように与信管理をしているのでしょうか。

決算書や会社案内などの資料でユーザーを判断

ユーザーがわざわざリースを希望するということは、その商品が、わざわざリースをしてでも事業に必要なものであることを意味しています。依頼を受けたリース会社は、一刻も早くユーザーに物件を渡せるように、すばやく審査を済ませる必要があります。

一般にリース会社は、担保をとりません。万一、支払いが滞った場合、回収する手段はないのです。リース物件を引き上げたところで、多くの場合、中古の物件に価値はありません。

そのような事態にならないために、リース会社には**与信管理力**が必要になります。ユーザーが「リース期間が終了するまで、毎月きちんとリース料金を支払ってくれるかどうか」について、様々な角度から分析します。リース会社がユーザーを判断するための基本は、会社案内や決算書などの資料です。「どのような事業をしているのか」「どのような企業と取引をしているのか」「負債はどれくらいあるのか」「事業は伸びているのか」などを、総合的に判断します。あわせて、社長の資質、リース物件を利用する目的、事業の将来性などもチェックします。

「業績がいまいちだから**決算書**は出したくない」と書類の提出をしぶったり、リース料の引き落とし先と**納入先**が違っていたりするなど、規定に沿わないやり方をする会社は要注意です。もちろん、審査のやり方は各社それぞれです。長年、審査をしていくうちに、各社独自のノウハウが蓄積されています。例えば、あるリース会社は数多くの中小企業のリースを手掛ける中で、リース契約をした企業の倒産率がわかったそうです。あらかじめ、倒産等によって生じる貸し倒れ損金を一定額織り込んでいるため、スピーディーな審査を可能にしているということです。

与信管理
新たに取引するかどうかを判断するための枠を決めたり、取引先の経営状況を継続的にチェックしたりするなど、リスクをすばやく察知する仕組み。

決算書
財務諸表のこと。一般的には「バランスシート（貸借対照表）」「損益計算書」「キャッシュフロー計算書」の3つを指す。

納入先
モノに限らず、何かを届ける宛先。モノの届け先の場合は納品先。

▶ リース会社の審査はココをこう見る！

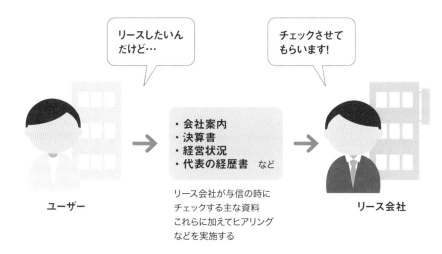

リースしたいんだけど…

チェックさせてもらいます！

・会社案内
・決算書
・経営状況
・代表の経歴書　など

ユーザー

リース会社

リース会社が与信の時にチェックする主な資料
これらに加えてヒアリングなどを実施する

具体的に何を見るのか

どんな事業をしているのか

何を柱の事業として、どのような取引先と顧客を持っているのかなどを見る

収益性は高いのか

売上・利益などの数字を正確に見る。決算書は3期分は必ず見るという

負債はどれくらいあるか

基本中の基本。借入などが極端に多くないかも当然チェックする

社長の性格はどうか

間違った経営判断をしないか、感情的になりすぎないか、チェック項目は多い

リースの目的は何か

新規事業のためなのか、生産ライン増設か…。リースの目的は多種多様

事業の将来性はあるのか

リース契約は中長期に渡るもの。将来性を見極めることはとても大事

Chapter3 05

リース料返済が滞った場合

もしユーザーがリース料を途中で支払ってくれなくなったら、物件はどうなるのでしょうか。また、リース料を支払えなくなったユーザーはどうなるのでしょうか。物件を返せば、それで済むといった単純な話ではなさそうです。

リース料を支払わなかった場合のペナルティ

リース会社とユーザーの取引は長丁場です。時には10年以上続くこともあります。それだけ長い期間に渡って会社の経営が安定しているというのは、実は稀なことです。「円高に振れた」「取引先が倒産した」「規制が変わった」などの事件や事故は頻繁に起こります。事業に不利な影響を受ければ、優良企業でも簡単に倒産してしまいます。特に中小企業はそうでしょう。

仮にユーザーの会社が倒産してしまった場合、リース会社はどうするのでしょうか。まずは、ユーザーに貸していた物件を回収します。残念ながらほとんどの物件は、中古になればほとんど価値がないので、**二束三文**で売るか、廃棄するしか手はありません。リース会社は、サプライヤーに対して物件の支払いを済ませているので、もしユーザーとリース契約を結んで間もない段階で倒産されれば大きな損失です。

ユーザーがリース料を支払わなかった場合はどうなるのでしょうか。たいていは何度か督促を出しますが、ユーザーが支払わなければ、リース会社からリース料金の残額の一括払いを求められます。「支払いが苦しい」場合は、通常、リース会社はユーザーの状況に応じて柔軟に支払猶予等に応じています。場合によってはリース契約を解除される上に、一種のペナルティとして規定損害金を請求されます。契約解除になれば、残金を支払った上にリース物件を返済する義務が生じます。そうなれば、ユーザーは事業継続に影響が出るかもしれません。このような事態に陥ったら大変なので、ユーザーが経営不振に陥った時にも、リース料の支払いの**プライオリティ**は他の費用よりも高くなるのです。

二束三文
「二束まとめてもたった三文」。たくさんのものを、まとめて安く売ること。

プライオリティ
モノごとに優先順位をつけること。

▶ リース取引が停滞するワケ

▶ リース取引が滞る２つのケースの対処法

Chapter3
06

修理の責任者はサプライヤー

使っているうちにリース物件が壊れてしまった。こんな場合は、誰が面倒を見てくれるのでしょうか。レンタルの場合は、修理やメンテナンスはレンタル会社がやってくれますが、リースの場合はどうなのでしょうか。

リース会社がサプライヤーを厳しく見る理由

　航空機、産業機械、オフィス機器、医療機器をはじめ、リース物件の多くは機械です。5年も10年も使用していれば、壊れたり、調子が悪くなるのは当たり前です。また、長く使うためには定期的なメンテナンスも必要でしょう。

　このようなメンテナンス全般、修理などは、リース会社に頼めばよいのでしょうか。残念ながら、リース会社は基本的にそうしたサービスはしていません。リース物件を管理することは、ユーザーの仕事なのです。契約書にも、その旨の記載があるはずです。

　そこで多くの場合、ユーザーはサプライヤーに修理やメンテナンスを依頼します。しかしサプライヤーの中にはいい加減なメンテナンスをするところや、零細で長期的なメンテナンスが難しそうな企業も少なからずあります。

　そのためリース会社は、ユーザーの審査だけでなく、サプライヤーも適正な業者かどうかを厳しくチェックします。サプライヤーの不適切な対応で、ユーザーの事業が滞って経営不振に陥ったりすれば、結局、損をするのはリース会社だからです。

　一方、ユーザーの中には「自分でメンテナンス契約などを結ぶのは面倒だ」と感じる人もいます。そこでリース物件の種類によっては、メンテナンス費用や修理費用のパッケージサービスを用意するリース会社も出てきました。コピー機やFAXなどの複合機は、その代表でしょう。またカーリースでは、メンテナンス費用、保険費用までリース料金に含まれているものも出てきました。ちなみにメンテナンスの費用までリース料金に含まれているものは、オペレーティング・リースになります。メンテナンスが含まれているのでメンテナンス・リースと呼ぶこともあります。

メンテナンス
機械や建物やコンピュータシステムなどに不具合がでないように点検や管理、手入れなどをすること。

複合機
コピー、プリンタ、スキャナ、FAXなど多様な機能が付いた機器。

▶ メンテナンスだけは、サプライヤーとユーザーがつながる

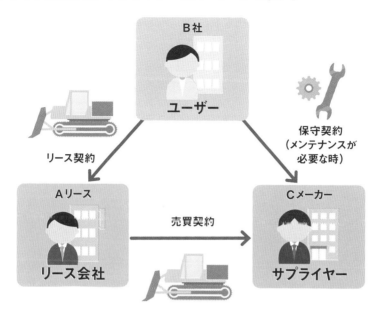

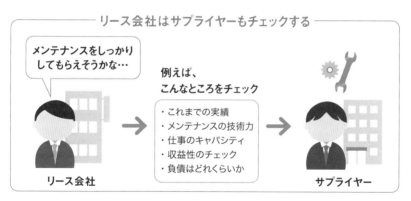

ONE POINT ユーザーの利便性を高めた
メンテナンス・リース

通常のリースには含まれない保守や修理といったメンテナンスを含めたリース契約が「メンテナンス・リース」です。自動車の分野で広まっていきました。今やカーリースのうち、60%ほどがメンテナンス・リースだといわれています。自動車は「車検」や「使用による物件の劣化」が予測しやすいので、メンテナンス付きのリースが可能で、普及したといわれています。

連帯保証でリスクヘッジ

リース契約でも、連帯保証人制度があります。ただし、むやみに連帯保証を
させないために、例えばリース事業協会では経営者保証ガイドラインを制定
しています。

📍 リース料金を肩代わりしてもリース物件はもらえない

貸し倒れ
取引先の倒産などの
理由で、貸したお金
が返ってこなかった
り、商品代金を払っ
てもらえなかったり
といった損失が発生
すること。

売掛金
サービスや商品を販
売した時、その場で
代金を回収せず、後
日、支払ってもらう
こと。代金後払い。

あらゆる企業、特に体力がない中小零細企業には、倒産のリス
クが常にあります。そのため取引先企業は貸し倒れのリスクを避
けるために、いろいろな知恵を絞っています。「商品を卸す時に
は売掛金は認めず、現金で支払ってもらう」「請求書を発行して
から支払いまでのサイトをできるだけ短くする」などは代表的な
手法です。しかし、こうした立て替え期間を短くしてリスクを軽
減するやり方は、リース会社には役立ちません。リース会社は、
「立て替え期間が長いことをセールスポイントにする」という、
他の業種とは真逆のビジネスモデルだからです。それでは、リー
ス会社はいったいどのような方法で貸し倒れのリスクを避けてい
るのでしょうか?

1つは「連帯保証人」を立ててもらうことです。通常、ユーザ
ー企業の社長が連帯保証人になり、連帯保証人には債務保証の責
任が生じます。もっとも、不必要に連帯保証人を立てないように、
業界団体では経営者保証ガイドラインを制定しています。その結
果、無保証率は約70%と銀行よりも高くなっています。仮にユ
ーザーがリース料を支払えなくなった場合、ユーザーの代わりに
すべての債務を連帯保証人が支払います。加えて、リース料の支
払いが遅れたことに対するペナルティも支払わなければなりませ
ん。またリース業界特有の責任保証として、ユーザーに支払い能
力が残っていたとしても、リース会社は連帯保証人に支払いを求
めることが可能です。ところで、保証人が全額支払った場合、リ
ース物件はどうなるのでしょうか。保証人とリース会社は、物件
を使用する契約を結んでいないので、ユーザーはリース物件を返
却しなければなりません。

▶ 連帯保証人とリース会社の関係

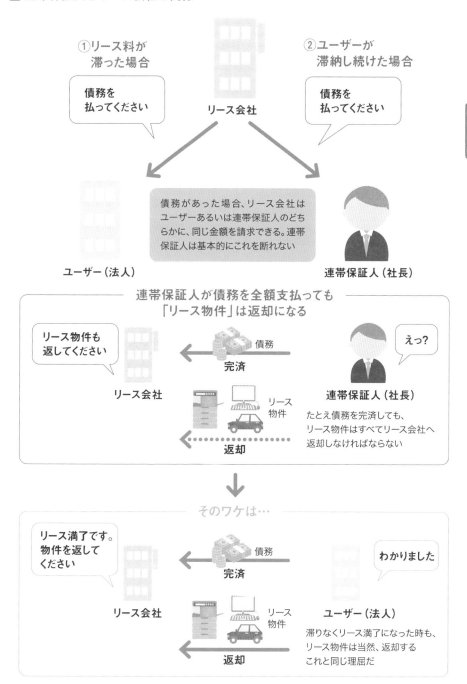

① リース料が滞った場合

債務を払ってください

リース会社

② ユーザーが滞納し続けた場合

債務を払ってください

債務があった場合、リース会社はユーザーあるいは連帯保証人のどちらかに、同じ金額を請求できる。連帯保証人は基本的にこれを断れない

ユーザー（法人）

連帯保証人（社長）

連帯保証人が債務を全額支払っても「リース物件」は返却になる

リース物件も返してください

リース会社

債務 完済

えっ?

連帯保証人（社長）

たとえ債務を完済しても、リース物件はすべてリース会社へ返却しなければならない

リース物件

返却

そのワケは…

リース満了です。物件を返してください

リース会社

債務 完済

わかりました

ユーザー（法人）

滞りなくリース満了になった時も、リース物件は当然、返却するこれと同じ理屈だ

リース物件

返却

Chapter3 08

再リースと契約終了

契約期間が満了になった時には、どのような手続きや作業が必要なのでしょうか。いつからリースしているのか、ユーザーはすっかり忘れているケースもあるでしょう。リース満了時にユーザーが行うことをまとめました。

契約期間満了後は現状回復で返却

リース期間が終わりに近づくと、ユーザーのもとにリース会社から「まもなく、契約期間が満了になります」というお知らせが来ます。ユーザーは、ここで契約を終了するのか、それとも再リースという形でリース物件を再び借りるのかを決めます。

再リースのリース料は、一般にこれまでのリース料の1割程度に下がるので、お得感があります。契約期間も1年ごとに更新なので、気軽に契約できます。リース会社によって、毎年契約し直すものと、自動的に更新されるものがあります。

一方「契約終了」を選んだ場合は、リース会社にリース物件を返却します。この時に注意が必要なのは、原状回復が必要なことです。リース物件はリース会社から借りたものなので、ユーザーはもとどおりにして返さなくてはいけません。リースの期間中であっても借り物であることに変わりはないので、改造するなど勝手に手を加えることは禁止です。仮に壊れていれば、修理をしてから返却します。

ユーザーによっては、リース物件と同じものを複数持っている場合があります。間違った物件を戻さないように、注意深く確認しなければなりません。リース会社は通常、そのリース会社の所有物であることを示す目印をつけているので、返却前に目印がついているかどうかを必ず確かめます。

仮に他の人に貸していたり、あるいは無くしたり、捨てたりしていると、契約違反となり、**規定損害金**が発生します。

リース物件を気に入ったので、リース期間終了後に買い取りたいと考えるユーザーも少なくありません。しかし、適正価格の設定が難しいので、買い取りに応じるリース会社は少数派です。

原状回復
経年劣化分（長年、リース物件を使うことで傷んだ分）を差し引いて、借りた状態に戻すこと。

規定損害金
ユーザーが契約違反をした時に、リース会社に支払う違約金。

リース期間が終わった時の2つの流れ

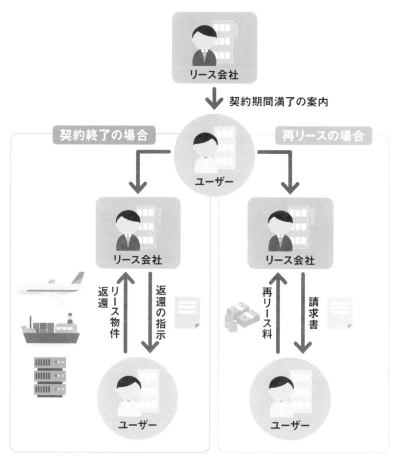

リース会社

契約期間満了の案内

ユーザー

契約終了の場合

リース会社

返還 ← リース物件 / 返還の指示 →

ユーザー

再リースの場合

リース会社

再リース料 → / 請求書 →

ユーザー

リース物件を無くしたり、又貸ししていた場合は…

又貸し
紛失
など

**規定損害金を
支払って
ください！**

第三者 ← ユーザー ← リース会社

リース物件を紛失、又貸しなどをすると明確な「契約違反」となり、
規定損害金が発生。すみやかに支払う必要が出てくる

リース期間終了後のモノの流れ

リース期間が満了になっても、多くのリース物件はまだまだ使えます。リース会社は、引き取った物件をどうするのでしょうか。ゴミとして廃棄するのでしょうか。ここでは、リース物件の行先を解説します。

返却後のリース物件は中古として貸し出すかリサイクルへ

什器
家具や備品。店舗什器は陳列棚など、オフィス什器はオフィス家具などを意味する。

レアメタル
製造業に重要な希少金属。そもそも存在量が少ないものと、取り出すのが難しい、あるいは取り出すコストが高いものがある。

リース会社は、産業機械から建設機械、商業施設の**什器**など、多種多様なモノをリース物件として貸し出しています。言い換えればこのような多様なモノが、リース期間満了を迎えるたびにリース会社に戻ってくるのです。

航空機など需要が高い一部のリース物件については、修理をしたり、多少の手を加えたりして、中古品のリース物件として貸し出します。中古のリース料金は安く設定できるので、資金力が乏しいスタートアップ企業などに人気です。また自動車やNC工作機をはじめ、中古市場が確立している分野については、買い取りの専門業者に売却します。地球規模の環境問題が深刻になるとともに、中古品のマーケットは多様な分野に広がっています。

一方、パソコンをはじめ技術の進歩が速い商品については、ほんの数年で価値がなくなります。かつては廃棄するしか処分の方法はありませんでしたが、現在では、この分野にも専門業者が出てきました。部品や**レアメタル**等、可能な限り再利用できるパーツを取り出し、廃棄する部分を少なくするのです。リース会社は、リサイクル、リユースに熱心な廃棄業者を選んで処分を委託しています。また、戻ってきた商品をリース会社が販売する場合もあります。リース会社にとって、リース満了後でも、それなりの価格で販売できる商品は魅力的です。お金を支払って廃棄するのと、販売してお金を得るのとでは、利益は大きく違ってきます。また貸し倒れが起こった時にも、回収したリース物件を中古市場で売ることで、ダメージを軽減できます。こうした観点で、リース会社はリース期間満了後に売りやすかったり、再リースしやすい物件のリース契約に熱心なのです。

▶ 使い終わった物件の処分は、リース会社におまかせ

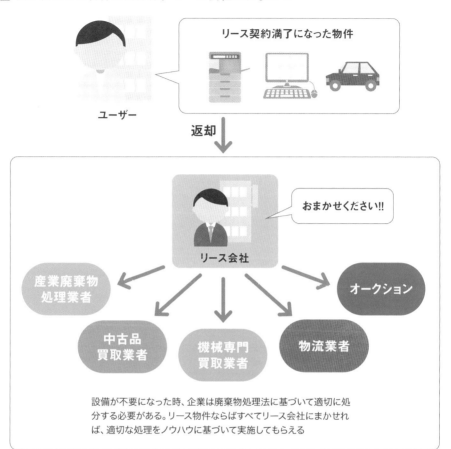

設備が不要になった時、企業は廃棄物処理法に基づいて適切に処分する必要がある。リース物件ならばすべてリース会社にまかせれば、適切な処理をノウハウに基づいて実施してもらえる

── リース会社が力を入れる「リサイクル」「リユース」の流れ ──

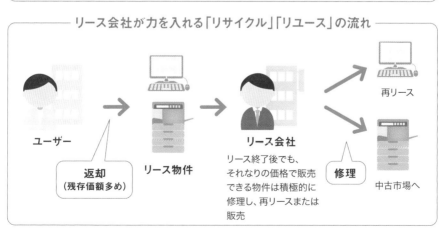

Chapter3 10

助成金をうまく活用する

リース会社の得意技の1つが、補助金や助成金の獲得に向けたアドバイスです。どのような補助金や助成金があるのか、どのような手続きをすれば採択されやすいのかをアドバイスします。

助成金や補助金申請のサポート＆アドバイス

IT化、自動化、環境への対応など、企業が手掛けなくてはならない課題は山積みです。しかし先行きが不透明な時代に、直接的には売上増につながらない分野への投資に踏み切れる企業は稀でしょうが、それでは日本企業が世界の競争から取り残されてしまいます。そこで行政は様々な助成金や補助金を用意しています。なお、助成金は条件を満たしていれば高い確率でもらえますが、補助金は審査によって採択されなければもらえません。

助成金や補助金の多くは、資金力が乏しい中小企業が対象です。申請すれば大半の中小企業がもらえるものもありますが、一度も活用したことがない企業も少なくありません。そもそも、どんな助成金、補助金があるのか知らなかったり、申請書類の作り方がわからなかったりするからです。加えて助成金や補助金は後払いのため、領収書など、請求資料を作成する必要があります。この作業が手間で、申請から遠のくケースもあります。

実はリース会社は、補助金・助成金を獲得するためのサポートを得意としています。物品の購入に関する助成金や補助金の中には、リースでの利用が可能なものもたくさんあるからです。助成金や補助金によっては、ユーザーは申請するだけ、その後の面倒な資料の作成などはすべてリース会社が担当するというやり方も可能です。またリースには、様々な減税も適用されます。例えば市町村から「先端設備導入計画」の認定を受けると固定資産税が軽減され、その分がリース料から控除されます。また経営を強化するために機械や器具備品などを購入すれば、一部税額が控除されます。このように助成金や補助金獲得のサポート、税務アドバイスなどは、リース会社の強力な販促手段になっています。

助成金
公益上必要なことに対して、行政などが公共団体や企業などに交付する金銭。

補助金
特定の政策目標を達成するために、行政が公共団体や企業などに交付する金銭。

▶ 助成金と補助金の違いとは？

助成金		補助金
雇用や労働環境の改善に関するもの	目的	経済発展や地域活性に関わるもの
厚生労働省	主体	その他の省庁、自治体など
条件を満たしていれば高い確率で受給できる	条件	条件を満たしても審査が厳しく落ちる場合が
数万～数百万円	金額	数百万円～数千万円

▶ リース料の一部を国が助成する制度を利用する場合の流れ

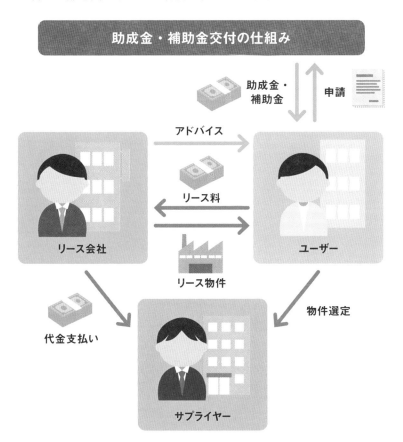

助成金・補助金交付の仕組み

助成金・補助金　　申請

アドバイス

リース料

リース物件

リース会社　　　ユーザー

代金支払い

物件選定

サプライヤー

多様化する資金調達の方法

リース物件を購入するために、リース会社が銀行から資金を調達していたのは、実は昔の話です。現在はCP（コマーシャル・ペーパー）や社債の発行など、銀行を通さず、市場から直接調達することも盛んになりました。

資金の直接調達でコストを下げる

リース会社が資金を調達する方法には、間接調達と直接調達の2つがあります。間接調達は、借りる人と貸す人の間に第三者が入る取引で、銀行からの借り入れが代表的です。お金を貸してくれる預金者とお金を借りるリース会社の間に、第三者として銀行が入ります。第三者が入っている分、調達コスト（＝金利）は高くなります。また銀行の審査を受けたり、使途に制限があったりと、調達の手間もかかります。また当然のことですが、手続きをしたからといって、必ずしも借りられるわけではありません。

それに対して直接調達は、金融市場から直接お金を集める手法です。主要なリース会社では、証券会社に依頼を行い、**CP（コマーシャル・ペーパー）**や**社債**などを発行して、直接、市場から資金を調達しています。自分たちで調達しているので、お金の使途は自由に設定できます。

ただし、すべてのリース会社がＣＰや社債を発行できるわけではありません。市場から資金を調達するということは、投資家にCPや社債などを購入してもらうということです。まずは投資家に知られた会社であることが重要です。また、財務内容が健全であることが求められます。

かつては、リース会社がＣＰなどを発行する際、発行の条件や使途が決められていました。しかし1999年に規制が撤廃され、一般の事業会社と条件が同じになったことで、使い勝手が各段によくなりました。現在では、リース債権の流動化も盛んになってきました。リース会社の資金調達の幅が広がったことで、リース会社の自由度は増し、リースの形はますます多様化していくことが予想されます。

CP（コマーシャル・ペーパー）
短期社債。2003年までは無担保の約束手形だった。償還期間が短いことが特徴。

社債
企業が資金調達のために発行する債券。事業債ともいう。普通社債、新株予約権付社債など様々な種類がある。

▶ 多様化するリース会社の資金調達方法

リース物件を大量に購入するため、リース会社は銀行から多くの資金を借りている。加えて、コマーシャル・ペーパーや社債を発行することでも資金調達をしている

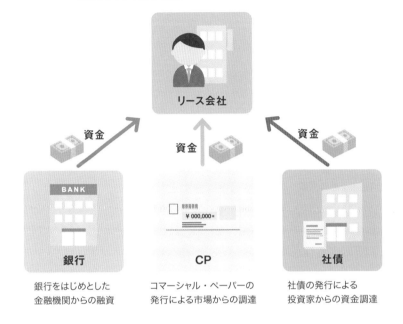

銀行をはじめとした
金融機関からの融資

コマーシャル・ペーパーの
発行による市場からの調達

社債の発行による
投資家からの資金調達

▶ 間接調達と直接調達とは？

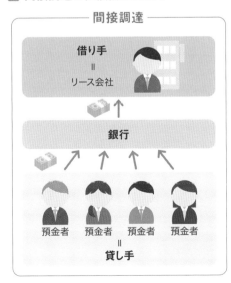

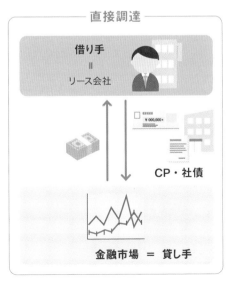

リース物件にかけられる「動産保険」

ピンポイントの保険

　リース物件には、多くの場合「動産保険」がかけられています。「動産保険」は、自然災害（地震は除く）、ガス爆発、衝突、水濡れ、盗難、破損など様々な被害を補償する損害保険です。「動産保険」の最大の特徴は、「この機械」といった具合にピンポイントで保険をかけられることです。

　例えば火災保険では、什器一式とか、産業機械一式といった具合にまとめて保険をかけることになります。そのためどうしても補償してほしい物件がある場合は、火災保険とは別に「動産保険」をかけることが必要です。「動産保険」をかけておけば、物件を他の場所に移動しても補償されるというメリットがあります。だから、リース物件には動産保険がかけられているのです。

頻発する自然災害

　もっともリース物件の保険代はもったいないと考え、購入した物件の場合は保険をかけないことも珍しくありません。しかし、現在のように災害が頻発するようになると、そうした発想は危険です。「まさかクリニックごと流されるなんて想像すらしなかった」「工作機械が水流に巻き込まれて未だ見つからない」……。こんなケースも増えてきました。それは、毎年のように激しい台風がやってくるようになり、河川の氾濫などが増えているからです。

　水害の他にも、地震、土砂崩れなど様々な災害が頻発し、損害保険会社の支払いは膨れ上がっています。多くの損害保険会社は、被害額を減らすために減災のコンサルタント事業に力を入れ始めています。いずれにしてもリース時にしっかりと保険に入っていたかどうかで、その後の立ち直りの明暗が分かれます。

第4章

リースが
利用される業界

建設業界、医療業界、航空業界─。あらゆる産業の最前線に、リースは使われています。それほど、世の中の発展とリースは切っても切れない関係にあるということです。具体的にどんな産業で、どのようにリースが使われているのか、探っていきましょう。

Chapter4 01

リースが利用されている場

これまで繰り返し「ほとんどすべてのモノをリースにできる」と述べてきました。それでは具体的に、どのようなものがリース物件として扱われているのでしょうか？　まずは身近なリース物件について紹介します。

こんなモノもあんなモノもリース物件

　リース物件の種類は、実は数えきれないほどたくさんあり、どの物件から紹介すればいいのか迷ってしまうほどです。そこで、私たちの1日の生活を追いながら、どこでリース物件に触れているのかという視点で見ていきましょう。

　まずは、朝の通勤・通学で利用する「鉄道車両」があげられます。もちろん、すべての車両がリースではありません。自社での所有にこだわる会社もあれば、一部の車両をリース物件にしている会社、自社の車両の大半がリース物件である会社もあります。加えて「駅の券売機」、「自動改札機」、ホームに置かれた「自動販売機」がリース物件であることも珍しくありません。

　通勤途中に、コンビニに立ち寄る人も多いでしょう。最近は本格的なコーヒーを出す店も増え、朝から盛況です。このコーヒーマシンも、リース物件であることが多いのです。またパンやおにぎりを並べた陳列棚から、レジスター、販売情報を管理するコンピュータシステムまで、リースが活用されていることもあります。

　学校や会社ではどうでしょうか。パソコン、プリンタ、FAX、コピー機、スキャナをはじめとしたオフィス機器は、リース物件の代表ともいえます。時にはデスクやイス、応接セットまでリース物件の場合もあります。またレストラン、病院、役所、スーパーなど、日常立ち寄る場所でも、様々なリース物件が活用されています。

　これまで見てきたように、リース物件には初期投資を抑えられるなど、様々なメリットがあります。各業界、各社がこうしたメリットを最大限に活かしてきた結果、様々な場でリース取引が行われるようになったのです。

自動販売機がリース物件
自動販売機は飲料メーカーなどがリースしたもの、設置場所のオーナーがリースしたもの、個人や企業がレンタルしたものなど、様々な形態がある。

初期投資
新規に事業を始めるために必要な資金のこと。店舗の場合は、開業資金がそれにあたる。

▶ 生活のあらゆる場面にリース物件がある

鉄道車両

通勤・通学の場はリースが多い

特に私鉄の場合、鉄道の車両そのもの、また駅の多くの設備（券売機や自動販売機など）がリースである場合が多い。ちなみに北米の鉄道の貨車は5割ほどがリースだという

オフィス

リースがもっとも活躍する場所

1960年代に日本にリース会社が誕生してから、取扱高第1位の分野が「情報通信機器・事務用機器」だ。PC、サーバー、複合機…。オフィスはもっとも多くのリース物件がある場所かもしれない

コンビニ

商品と店員を除いてほとんどがリースかも？

レジ、什器、ATM ……。コンビニに限らず、流通業界はリースの利用率が高い分野だ。リース料は毎月一定なので、キャッシュフローがつかみやすく、店舗ごとのコスト管理が簡単なためだ

学校

事務用機器はもちろん教室用のあの設備も

オフィス同様に多くの事務用機器、オフィス家具などを利用する学校もまたリース物件の活躍の機会が多い場だ。各教室のエアコンや、最近はプログラミングなどで使うPCなどにリース物件を使うケースも多い

Chapter4
02

リースのイメージを定着させた
オフィス機器業界

「どんなものがリース物件か？」と尋ねると、「複合機」「コピー機」と答える人が多いのではないでしょうか。それほど、リースとオフィス機器のイメージは密接です。理由はどこにあるのでしょう？

📍 中小零細企業にとっても必需品

　企業規模や業種を問わず、ほとんどすべての事業所でオフィス機器は必需品です。多くの人がリース物件としてコピー機やFAXなどのオフィス機器を思い浮かべるのは、こうしたオフィス機器を実際に自分で使用している人が圧倒的に多いからでしょう。

　オフィス機器のような比較的小額な物件のリースは、リース会社がお客様と直接リース契約するケースの他に、その物件の販売会社（ベンダー）がリース契約まで代行して契約をするケースがあり、これをベンダーリースといいます。ベンダーリースを取り扱うリース会社の一社にリコーリースがあげられます。

　リコーリースは、1976年にオフィス機器メーカーであるリコーの子会社として設立されました（設立時の社名：リコークレジット）。当時は中小企業向けにオフィス機器のリースを取り扱う会社は少なく、リコーのオフィス機器をリースによって販売促進をするために設立されました。リコーリースは、全国各地のオフィス機器の販売会社を介して、リース契約を拡大していったのです。リースは利用者だけでなく、販売会社にもメリットがあります。

　販売会社は、リース契約によって販売をすることで、物件をリース会社へ販売することになるため、本来お客様から回収する販売代金をリース会社から受け取ります。販売代金をお客様から直接回収する手間や未払いなどのリスクをリース会社に負担してもらえるために、販売会社にもリースの利用は喜ばれ、ベンダーリースは拡大していきました。結果として、オフィス機器のリースは増え、「リースといえばオフィス機器」といったイメージが広まったのでしょう。

オフィス機器
OA（オフィス・オートメーション）機器ともいう。パソコン、コピー機、プリンター、スキャナ、ファクシミリなど。

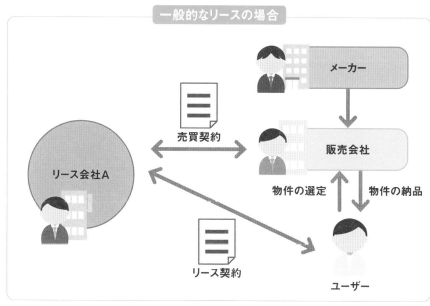

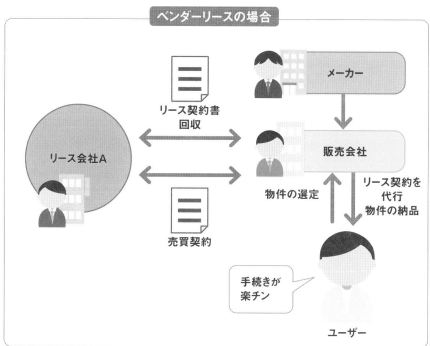

Chapter4 03 必要な時だけ建機を使う建設業界

建設業界では、様々な建設機械・機器が必要です。しかし、いずれも使用するのは一定の期間だけです。そこで様々な建機をリースで調達して、必要な時に必要な建機だけを貸し出す、という方法が慣例化しました。

リースの利用で初期投資を抑える

建設会社は、全国に50万社あるといわれています。大半は中小零細企業です。そうした企業にとって、建設機械・機器の購入は重い負担としてのしかかります。例えばショベルカー1台で1000万円から1500万円もするなど、とても高額です。しかも工事の進展具合によって使用する建設機械はどんどん変わるため、様々な建機を揃えておく必要があります。同時に、どの機械にも使われない期間があります。非常にもったいないことです。

一方、建設業は景気の波に大きく影響される業界です。不況になれば、体力がない中小零細企業がバタバタと倒産します。下請け会社に仕事を卸すことで、多くの企業が共存するという業界体質は、不況時には連鎖倒産を招きます。かつては建設機械のメーカーや建設機械の扱いを得意とする商社が、中小零細企業に分割払いで建設機械を販売していました。しかし不況になった時には、多くの貸し倒れを招くことがはっきりしてきたのです。

そこで次第に、リース会社が建設機械をリース物件として建設会社に貸し出すようになりました。建設機械は中古市場が確立していますし、リース会社には目利きの力もあります。仮にユーザーが倒産してもリース物件を引き上げて売ったり、再びリース物件として貸すなど、損害を少なくするノウハウを持っています。

一方、建設機械の遊んでいる時間が長いことに目をつけた、建設機械専門のレンタル会社も現れました。「穴を掘る時」「整地する時」「舗装する時」といった工期に合わせて、必要な建設機械を必要な時だけレンタルします。こうしたレンタル会社も、初期投資を抑えながら多様な機種を揃えるために、レンタル用の建設機械をリースで調達しているケースが多いといいます。

下請け
受け負った仕事の一部を企業規模の小さな会社に流すこと。下請法など、下請けを規制する法律もある。

連鎖倒産
取引先の倒産によって、売掛金の回収などができなくなるなどの影響を受けて「連鎖して倒産」すること。親会社と子会社、大企業と下請け会社など様々な連鎖倒産がある。

▶ 高額な建設機械は、進捗にあわせてレンタルも

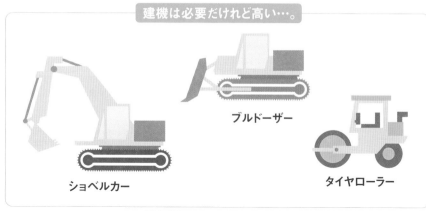

建機は必要だけれど高い…。

ブルドーザー

ショベルカー

タイヤローラー

どれも高額で、
使う時期も限られる。
買うのはキツい……

ユーザー

↓

そこで…
工期にあわせて
レンタル

作業①の時だけ … ショベルカーをレンタル

作業②の時だけ … ブルドーザーをレンタル

作業③の時だけ … タイヤローラーをレンタル

工期にあわせて必要な時だけ必要な建設機械を貸すレンタル会社は多い。こ
れらレンタル会社は、建機の調達にリースを活用している

建設機械に強い専門レンタル会社

アクティオ
1967年創業の建設機械レン
タルの草分け的存在
www.aktio.co.jp

カナモト
1964年創業の北海道に本社
を持つ老舗企業
www.kanamoto.co.jp

レンタルのニッケン
1967年創業。土木関連、建
機レンタル事業中心
www.rental.co.jp

リースの歴史を作ってきた製造業

1960年代、誕生したばかりのリース会社を積極的に活用したのは、中小企業を中心とした製造業でした。現在では、大企業が設備に加え、土地や建物まで含んだ工場をまるごとリース物件にする例もあります。

自前主義からリースに転換した大企業

オリックスをはじめ、多くのリース会社は、機械リースからスタートしました。当時の日本は高度経済成長期で、製造業の投資意欲は旺盛でした。しかし、金融機関からの資金調達は容易ではなかったため、リースに対する認知や需要が次第に高まっていたのです。

当初リースを積極的に活用していたのはもっぱら中小企業で、多くの大企業は自前主義を貫いていました。その理由は、機械をより使いやすく、生産性が上がるように、従業員がどんどん改良を重ねていたからです。許可のない改造が禁じられているリース物件は、利用しにくいという側面があったのです。このような工夫の積み重ねが高品質な製品を生み出し、「メイド・イン・ジャパン」の世界的なブランド力につながっていきました。

ところが、結果的にそれは老朽化した機械を使い続けることを意味しました。あるシンクタンクの研究員は、最新鋭の機械をどんどん導入していく新興国に対して、老朽化した設備では太刀打ちできない分野が広がり、これが「失われた30年」の遠因となったのではないかと分析しています。

現在では、大企業も自前主義を捨て、積極的にリースを活用するようになりました。工作機械は中古市場が整備されているため、オペレーティング・リースの契約も可能です。5年や7年といった、耐用年数よりもはるかに短い期間で、最新鋭の設備に更新していくといった活用の仕方が多いようです。また、最近は設備だけではなく、土地・建物も含めた工場まるごとのリースを希望する企業もあります。

自前主義
自社の資産や技術、人材などのみを使って製品やサービスを提供しようとする考え方。

失われた30年
バブル経済が崩壊してから30年に渡る経済の停滞期。

▶ 大手製造業が長らくリースを利用しなかった理由の1つは…

中小企業の場合

工作機械 → リース → ユーザー 「製造コストを下げられた!」 → 製品 製品 製品

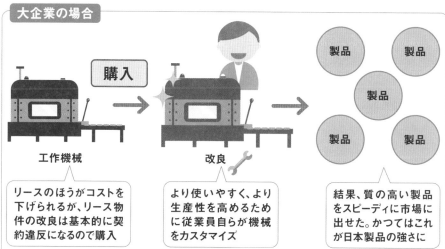

大企業の場合

工作機械 → 購入 → 改良 → 製品 製品 製品 製品 製品

リースのほうがコストを下げられるが、リース物件の改良は基本的に契約違反になるので購入

より使いやすく、より生産性を高めるために従業員自らが機械をカスタマイズ

結果、質の高い製品をスピーディに市場に出せた。かつてはこれが日本製品の強さに

大企業も自前主義を捨て始めた

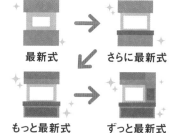

リースで常に最新鋭の機械を導入

最新式 → さらに最新式
もっと最新式 → ずっと最新式

大企業もリースを活用する時代にオペレーティング・リースで最新鋭の設備に更新して、変化のスピードに対応する

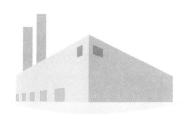

土地、工場まですべてリースで揃える会社も

工作機械のみならず、工場用の土地や資産をすべてリースで調達する企業も

航空機リースは
オペレーティング・リースの主役

航空機リースは、近年、もっとも活気のあるリース取引の1つです。中国や東南アジアをはじめとする新興国で中間層が増加し、海外旅行需要や貨物需要が伸びているため、航空機は常に不足気味だからです。

新興国の発展により急成長した分野

世界の航空機の数は約2万5000機で、そのうちの約4割がリース物件です。1980年代は数％に過ぎなかったので、急激に市場が伸びたといえます。要因の1つは、新興国の発展です。国民の所得が上がったことで輸入品の需要が増え、また海外旅行も盛んになりました。一方、航空機は高額なので、客や貨物の増加に合わせて機体を増やすことは簡単ではありません。そこで、リースが利用されるようになったのです。

航空機リースは、通常オペレーティング・リースの契約になります。航空機の寿命は約30年で、最初の10年は先進国、次の10年は新興国、最後の10年は途上国の航空会社が使うという流れが一般的です。このように中古市場が確立されているため、あるユーザー（航空会社）がリース物件として新品の航空機を使用し、10年程度で返却し、リース会社は次のユーザーにリースするというオペレーティング・リースが可能なのです。

さらに、リース周りの様々なビジネスチャンスがあります。例えば1970年代に航空機リースを手掛けたオリックスでは、現在、投資家が所有して航空会社にリースする「航空機の資産管理」にも積極的です。オリックスは、国内外の機関投資家や資産運用会社が所有する機体の管理を受託します。リース先の航空会社から機体が返却されたらすぐに次のリース先を、機体を売却するなら購入先の投資家を見つけます。管理している航空機は200機以上にもなり、今や、自社でリースしている物件よりも管理している機体の方がはるかに多いようです。リース資産を管理するノウハウが、他者の資産管理を請け負い手数料を稼ぐビジネスを可能にしたといえるでしょう。

新興国
所得水準はまだまだ低いが、高い経済成長が期待できる国々。中南米、東南アジア、中東、東欧など。

中古市場が確立
1991年に製造された日本の政府専用機「米ボーイング社製の747-400型機」も中古市場で30億円で売りだされた。

▶ 実は多くの飛行機がリース物件

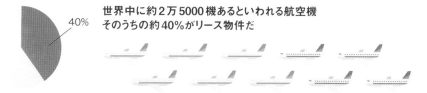

40%

世界中に約2万5000機あるといわれる航空機
そのうちの約40%がリース物件だ

寿命約30年の航空機はリースを3回繰り返す

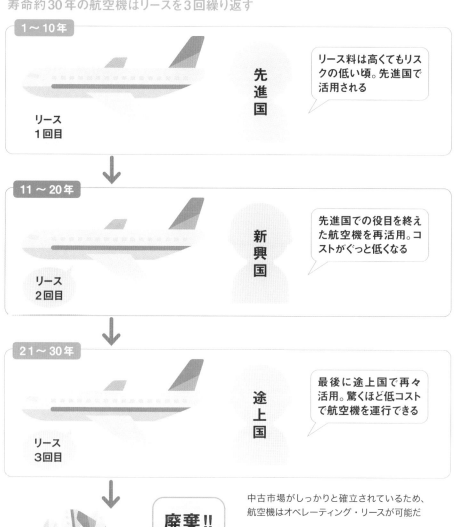

1〜10年

リース
1回目

先進国

リース料は高くてもリスクの低い頃。先進国で活用される

11〜20年

リース
2回目

新興国

先進国での役目を終えた航空機を再活用。コストがぐっと低くなる

21〜30年

リース
3回目

途上国

最後に途上国で再々活用。驚くほど低コストで航空機を運行できる

廃棄!!

中古市場がしっかりと確立されているため、航空機はオペレーティング・リースが可能だ

リース無しでは成り立たない医療業界

MRI、CTスキャン、内視鏡などの高度な医療機器は、地域の中核病院には必ずといってよいほど備えられています。国民皆保険制度によって、誰しも高度な医療を受けることができる背景には、リースの活用があったのです。

📍 クリニック1軒がまるまるリースのことも

医療業界は、リースと相性のよい業界です。理由の1つは、MRIやCTスキャンをはじめとする、高額な医療機器を使用することです。こうした医療機器は、億単位という高額なものが珍しくありません。そのため大病院といえども、簡単に購入するわけにはいきません。そこで、初期投資が少なくて済むリースが普及していったのです。

日本の病院の数は約8400件、クリニックは約10万件あります。より精度が高い機器の登場によって不要になった医療機器は、クリニックによって購入されたり、中古品のリース物件として利用されたりします。このように中古市場が確立しているので、医療機器は中途解約可能なオペレーティング・リース契約をすることが可能です。

また、病院でもクリニックでも、事務や総務などといった医療行為以外に経営のリソースを割く余裕がないことも理由の1つです。特に院長が1人で経営しているような小さなクリニックの場合はそうでしょう。そこで最近は、リース会社が、クリニック全体をリース物件にした「医療モール」を作る例も増えてきました。待合室のソファや事務カウンター、自動精算機、電子カルテなどの設備や備品も含めて診療所全体をリース物件として借りれば、リース会社が管理してくれるので、ユーザーは楽です。さらに最近では、リース会社が医療事務、開業支援サービス、あるいは事業承継の候補者探しなどに乗り出す例も増えています。

もともと医療の分野は、医療専門のリース会社が手掛けていましたが、医療分野のマーケットが拡大するとともに、様々なリース会社が参入するようになっています。

MRI
人間の身体を、縦・横・斜めなど多様な断面で撮影できる医療機器。

リソース
資源。ビジネスの場では、ヒト・モノ・カネの経営資源を指すことが多い。

▶ 医療・機器・設備から、トータルなサポートまでをリースする

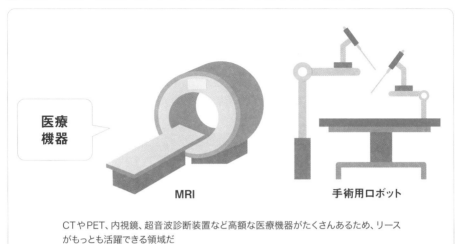

**医療
機器**

MRI　　　　　　　手術用ロボット

CTやPET、内視鏡、超音波診断装置など高額な医療機器がたくさんあるため、リースがもっとも活躍できる領域だ

**その他の
設備・備品**

受付カウンター　　　　　　自動精算機

患者用の待合室、診察室のソファ、電子カルテなど、医療機器以外のものにもリースが利用されている

**その他の
サービス**

医療事務代行　　　　開業支援　　　　事業承継

事務代行や経営コンサルティング的な業務も、最近はリース会社が手助けするようになっている

Chapter4 07

プロジェクト全体をリースにする再生可能エネルギー事業

再生可能エネルギー事業は多額の資金が必要なため、リース会社の活躍が期待されている分野です。再生可能エネルギーの比率を引き上げていくために、リース会社は、どのような工夫をしているのでしょうか。

◉ プロジェクト・ファイナンス型で参入者を増やす

バイオマス
エネルギーとして利用できる動植物。燃やすと二酸化炭素が出るが、育つ過程で吸収しているので、二酸化炭素排出量はゼロということになる。

　太陽光、風力、地熱、バイオマスをはじめとする再生可能エネルギーがビジネスとして注目を集めたのは、2012年からです。それはこの年、国内で固定価格買取制度（FIT）が導入されたことがきっかけです。この制度は、再生可能エネルギーによって発電した電力を、電力会社が国が定めた固定価格で買い取ることを義務づけたものです。発電すれば必ず売れる。こんな好条件のビジネスなど、めったにあるものではありません。その結果、再生可能エネルギー・ビジネスへの期待が一気に高まったのです。

　再生可能エネルギー事業はリースに向いています。取り組むには、かなりの投資が必要だからです。現在、圧倒的に構成比が高いのは太陽光発電ですが、1メガワットクラスの太陽光パネルを設置するだけで3〜4億円必要といわれています。風力発電はもっと高額で、2メガワットクラスの風車が6億円もします。

コーポレート・ファイナンス
企業の信用力、担保能力、決算内容など、企業の実力によって資金調達すること。

プロジェクト・ファイナンス
プロジェクトで手掛ける事業から生じる収入を担保に資金を調達すること。

スキーム
「計画」「案」「枠組み」など。単なるアイデアではなく、継続していく事業のビジネスモデルを指すケースが多い。

　再生可能エネルギー事業は、地球温暖化を防止するために取り組まなくてはならない、企業の義務です。しかし、決算書の内容などでリース契約の可否を決めるコーポレート・ファイナンス型の事業として取り組んでも、なかなか普及しないでしょう。リース会社の中には、再生可能エネルギー事業は、事業の採算性で判断するプロジェクト・ファイナンス型の事業として取り組むことにしたところもあります。リース料は、再生可能エネルギー事業の収益から支払うのです。仮にユーザーが倒産すれば事業ごと引き取り、事業の収益で資金を回収します。このようなスキームで事業を行うためには、リース会社の目利きが重要になります。結果、やる気があるスタートアップ企業との間で再生可能エネルギー事業を手掛けるといったことも可能になるのです。

▶ 地球温暖化をくいとめるためにリースが活躍

太陽光発電

— パネルだけじゃなく —
設置費用も

太陽光発電に必要なパネルなどはもちろん、パネルを設置するための費用の多くもリース会社が請け負っている。参入障壁をぐっと低くすることに貢献しているのだ

風力発電

— 風力発電も —
リース活用が基本

一基数億円といわれる風力発電機。強い風が安定して吹く地域が限定される日本では向かないともいわれるが、海上などを活用した発電施設などの計画が進んでいる

地熱発電

火山国家・日本ならではの
ポテンシャル

地中のマグマで熱くなった地下水を取り出し、その水蒸気を使って発電用タービンを回して電気を作る地熱発電。火山が多い日本にとって最適な再エネ事業の1つといえるだろう

水素ステーション

未来の自動車も
リースが下支え

水しか排出しない水素を使った燃料電池自動車は、未来に期待がかかるエコな移動体の1つ。水素ステーションを設置するための設備をリース会社が数多く負担している

Chapter4
08

コスト削減の効果を狙う 官公庁リース

現在、リース業界でもっとも伸びている分野が、国や地方公共団体の役所、いわゆる「官公庁」向けのリースです。リース残高は、2012年には3,993億円だったのが、2017年には5,937億円に伸びています。

リースを使えば予算の平準化が可能

　官公庁がリースに着目したきっかけは、財政状況が厳しくなったことです。情報管理、業務効率化など、様々な観点から官公庁はより一層のＩＴ化を進めていくべきですが、そのためには膨大な費用が必要です。そこで、初期投資を少なくできる上に、毎年の支払い額を平準化できるリースに目が向けられたのです。

　中でも歳出削減効果が高かったのが「LED照明への転換」です。全国には数多くの役所や公共施設があり、そこには当然、照明設備があります。一方でLED照明は、同じ明るさの白熱電球と比べ、電力消費量が約６分の１です。CO_2の排出量も減り、電気代も安くなります。地球環境や財政の観点からも、LED照明に変更するメリットは大きかったのです。そこでこのLEDへの転換に、多くの官公庁はリースを活用して対応しました。

　これまで、官公庁はリースをほとんど利用しませんでした。役所の予算は単年度主義なので、国がリースを利用するためには、議会から毎年、債務負担行為の承認を得る必要があります。仮に10年契約であれば、10回、議会で認められなくてはなりません。途中で債務負担行為が承認されなければ、リスクを負うのはリース会社なので、契約に二の足を踏む企業も出てきます。こうした中、変化は地方から始まりました。かつては地方自治体も国と同様、単年度主義でしたが、2004年に地方自治法が改正され、条例によって複数年のリース契約ができるようになったのです。それが、官公庁でリース取扱いが伸びたきっかけでしょう。

　本来、国はリース料を踏み倒したりしない優良な取引先のはずです。国の制度が改正されれば、リースの利用は大きく膨らみ、安全な大市場が生まれると、リース業界では期待が高まっています。

単年度主義
「その年度の支出は、その年度の収入で賄うべき」という考え方。単年度の反意語は複数年度。

債務負担行為
複数年度に渡って支出を予定すること。

庁舎、公共施設のLED照明などでリースを活用

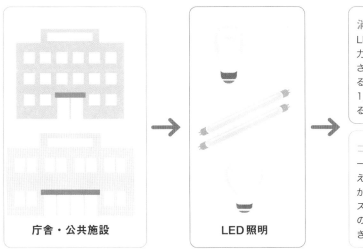

庁舎・公共施設 → **LED照明** →

消費電力の節約
LEDの特徴は消費電力の少なさ。同じ明るさの白熱電球と比べると、消費電力が約1/6にまで節約できる

コストの平準化
一気にLEDに入れ替えるには膨大なコストがかかる。しかし、リースを活用すれば毎年の支払額を平準化できる

役所の「単年度主義」はリースに不向きだった

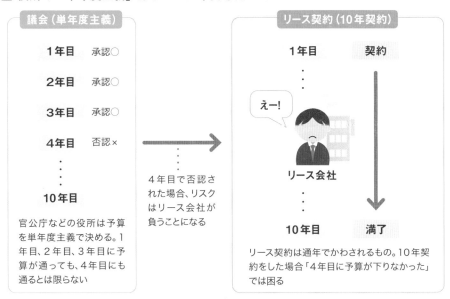

議会（単年度主義）

1年目	承認○
2年目	承認○
3年目	承認○
4年目	否認×
⋮
10年目

官公庁などの役所は予算を単年度主義で決める。1年目、2年目、3年目に予算が通っても、4年目にも通るとは限らない

4年目で否認された場合、リスクはリース会社が負うことになる

リース契約（10年契約）

| 1年目 | 契約 |
| ⋮ |

え–！

リース会社

| 10年目 | 満了 |

リース契約は通年でかわされるもの。10年契約をした場合「4年目に予算が下りなかった」では困る

2004年の地方自治体法の改正により
複数年のリース契約ができるように

Chapter4 09

メンテンナンス・リースが魅力の運輸業界

ファイナンス・リースは、どこのリース会社に頼んでも、さほどリース料に差はつきません。しかしメンテナンス・リースについては、最大2倍くらいの開きがあるようです。その差は、どこから出てくるのでしょうか。

メンテナンス・リース料に差が出る理由

運輸業界が利用するリースの特徴は、メンテナンス・リースが多いことです。トラックなどの車両をメンテナンス・リースにした場合の魅力は、車検、保険、メンテナンス料、契約によっては部品代、修理費などが含まれていることにあります。

ファイナンス・リースは、リース料の合計とリース物件の販売価格がほぼ一致しているので、どこのリース会社に頼んでも価格に差がつきません。しかしメンテナンス・リースは違います。もっとも安いリース会社と高額なリース会社との価格差は約2倍にもなるという調査結果もあります。

理由は、メンテナンス・リースの取り扱い台数が異なる点にあります。トラックや乗用車などのメンテナンス・リースを得意としているリース会社は、修理会社に毎月何十台も修理やメンテナンスを依頼しています。定期的な安定受注となるため、修理会社は安い価格でメンテナンスや修理を受けます。これが価格競争力となるのです。

面白いのは、メンテナンス・リース事業を手掛けていながら、自社のトラックはメンテナンス・リースにしていないリース会社があるということです。使用回数が多いので、メンテナンスをして長持ちさせるよりも、壊れたらそのつど修理して乗りつぶしたほうが効率がいいからです。このようなトラックは、多くの場合、加入している保険は自賠責保険だけで、任意の損害保険に入っていないといいます。事故など、めったに起こることではないからです。仮に事故が起これば、キャッシュで補償するという発想です。損害保険に加入しなければ、それだけ支払額を節約できるのです。

車検
正式名称は「自動車検査登録制度」。自動車やバイク、トラックが道路を安全に走れるコンディションなのか、一定期間ごとに検査する制度。

自賠責保険
車両の所有者に加入を義務付けられた保険。目的は被害者の救済なので、人身事故のみに適用される。

▶ 通常のリース取引は、リース料に差を出しにくいが…

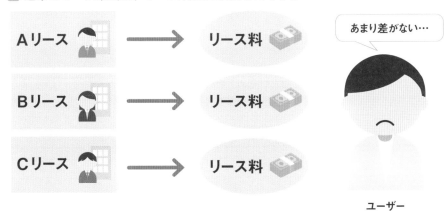

▶ メンテナンス・リースは比較的、差が出やすい

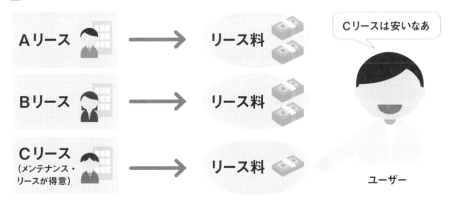

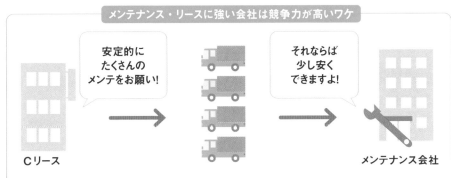

メンテナンス・リースが得意なリース会社（Cリース）は、修理会社、メンテナンス会社に定期的に大量の発注をする。そのため、安く請け負ってもらえ、コストダウンでき、価格競争力のあるリース料に還元できる

新たな市場を求めて…

海外リース会社のM&Aで強みを強化

日本の大手総合リース会社が、積極的にアメリカやヨーロッパのリース会社をM&Aによって傘下に収めています。老舗企業、業界ナンバーワン企業など、驚くような名門企業も少なくありません。

海外の成長分野にM&Aで参入

日本の大手リース会社は、どんなモノも扱う総合リース会社の比率が多いという特徴があります。しかし欧米には、総合リース会社はほとんどありません。「飛行機のエンジンだけ」「海上コンテナだけ」「鉄道貨車だけ」といった専門リースが一般的です。

現在、日本の総合リース会社が、このような専門リース会社をM&Aによって次々と傘下に収めています。その目的はいくつかあります。1つはテナントビルのように、専門リース会社をいくつも集めることです。航空機であれば「新品の航空機専門」「中古の機体専門」「エンジン専門」といった多様なリース会社を買収すれば、航空機に特化した専門性が高い総合リース会社を作ることも可能です。相乗効果によって、総合リース会社ならではの強みも発揮できるでしょう。

またもう1つの目的は、自社が持っていない市場を得ることです。そもそも日本の総合リース会社が海外でのM&Aに積極的な理由は、少子高齢化の進展によって、日本市場の成長が頭打ちになったことです。新しい市場を求めて、アメリカやヨーロッパのリース会社を買収しているのです。

なお、M&A先として欧米企業を選ぶのは、カントリーリスクを避けるためです。新興国では、そもそも日本のリース会社が買収したいリース会社はほとんどありませんし、仮にあったとしても、簡単には手を出せません。どこの国でも、金融系の業務には様々な規制が設けられているからです。例えばリース料の支払いが滞っても物件の差し押さえができないなど、回収に手間取る事態が予想されます。そのため、日本と同じ感覚で確実に利益を得られるアメリカやヨーロッパでのM&Aが主流なのです。

M&A
「Mergers（合併）and Acquisitions（買収）」の略。複数の会社が1つになったり、会社が別の会社を買ったりすること。

カントリーリスク
特定の国や地域で、戦争、自然災害、政権交代、極端なインフレなどによって政治や経済や社会の体制が変わり、企業が損失を受けること。

▶ 海外の専門リース会社を M & A する流れ

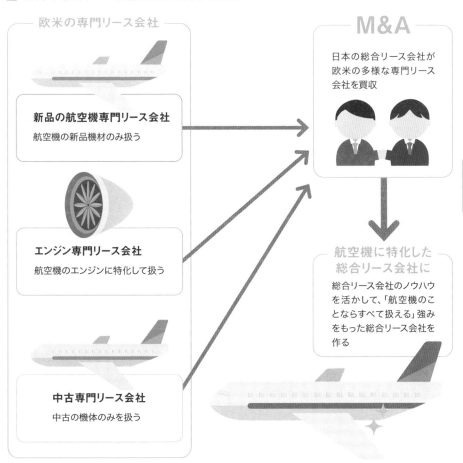

欧米の専門リース会社

新品の航空機専門リース会社
航空機の新品機材のみ扱う

エンジン専門リース会社
航空機のエンジンに特化して扱う

中古専門リース会社
中古の機体のみを扱う

M&A

日本の総合リース会社が欧米の多様な専門リース会社を買収

航空機に特化した総合リース会社に

総合リース会社のノウハウを活かして、「航空機のことならすべて扱える」強みをもった総合リース会社を作る

▶ 海外で M & A を進める理由はカントリーリスク対策

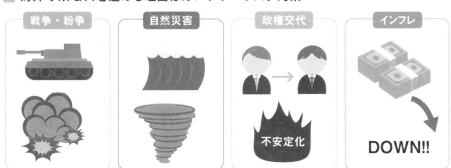

戦争・紛争	自然災害	政権交代	インフレ
		不安定化	DOWN!!

様々なカントリーリスクに備えて、海外でのM&Aを進めている面も強い

サブリースは怖いのか？

かぼちゃの馬車事件の問題とは？

　2018年に起きた「かぼちゃの馬車」事件で、サブリースのイメージはすっかり悪くなってしまいました。これは、サブリース事業を展開するスマートデイズという企業が破たんし、物件オーナーへの賃料が未払いになったという事件です。

　サブリースとは、本書で取り上げているリース業界とは違い、不動産賃貸管理業のビジネスモデルです。賃貸用のアパートやマンションなどを持つ物件オーナーが、不動産管理会社などに、手持ちの不動産を一括で借り上げてもらうサービスです。

　不動産管理会社は、家賃相場の8割くらいの価格で不動産を借り上げ、入居者を探します。一括借り上げの家賃と入居者が払う家賃の差額が、不動産管理会社の収入になります。一方、物件オーナーは入居者を探したり、物件を管理したりする手間から解放されます。

物件オーナーは消費者ではなく事業者

　ビジネスモデルとしては、まったく悪くない話です。それが問題になったのは、家賃収入を前提に多額の借り入れをして「かぼちゃの馬車」（シェアハウス）用の物件を建てたオーナーが続出したからです。本来なら銀行は無理な融資はしませんが、厳しいノルマを達成するために一部の行員が審査資料を改ざんしました。仮に「かぼちゃの馬車」の入居者が集まれば、すべてがうまくいったのでしょうが、実際は入居者が集まらず、スマートデイズが破たんしました。結果、オーナーのもとには多額の借金だけが残ったのです。

　不動産事業では、物件のオーナーは消費者ではなく事業者です。また、手厚く保護されるのは貸し手ではなく借り手です。自分が貸し手としてリスクを負うことになるので、事業者としての自覚なしに、副業感覚でサブリースに手を出すのは控えたほうがよさそうです。

第5章
リース業界から
生まれたサービス

広範囲に多くの産業を支えるリース業界。積み重ねた
ノウハウは、リースそのもののみならず、数多くのサー
ビスを生み出しています。リースで得られたノウハウ
を切り出して生まれた、新しいビジネスの形を紹介し
ます。

Chapter5 01

顧客との長期的な関係から 多彩なビジネスが生まれる

リース会社の特徴に、取引先との長い付き合いがあります。太陽光など再生可能エネルギー発電のようなインフラ事業であれば、ユーザー、サプライヤー双方と10年以上の付き合いになり、新しいニーズをつかむことが可能です。

📍 隣へ隣へ、と事業を拡大する隣地戦略

　　リース会社の中には、リース以外の事業を幅広く手掛けているところもあります。それは、リース会社が多様な物件を扱ってきたことによるものです。とはいえ、リースからかけ離れたビジネスに進出しているわけではありません。継続的にリース取引を行う中で、ユーザーやサプライヤーから様々な相談が寄せられるようになり、要望に応えることで、各リース会社の手掛けるサービスの種類が増えていったのです。

　　こうした近い分野への事業進出を、オリックスでは「隣地戦略」と呼んでいます。実際にオリックスは、リースを起点に他の金融事業への進出を早くから果たしています。隣へ隣へと進出することで、融資（1973年）、投資（83年）、生保（91年）、銀行（98年）、資産運用（2010年）などを手掛けるようになりました。金融以外でも、機械リースや測定機器などのレンタルから、船舶、航空機、自動車、不動産などに事業を広げていきました。オリックスに限らず、リース会社は新規事業に熱心です。理由の1つとして、リースはユーザーが指定する物をリース会社が購入し、ユーザーに賃借する取引で、金融機関が資金を融通する「金融」に近いビジネスモデルであり、ユーザーと長くお付き合いするという点があげられます。そうした中で、ユーザーの経営に関するニーズを聞いたり、信用力を判断する能力を身につけたりして、新たな事業に参入しています。また様々なモノを扱うため、その資産価値を見極める力を持ち、さらに「モノにどのようなサービスを付け加えればビジネスになるか」などを考える中で、結果として隣地に進出していたという例の方が多いといえます。

測定機器
製造物が求められている仕様を満たしているかどうかを「検査」するための機械。

▶ ユーザーの要望に応え続けた結果として進んだビジネスの多角化

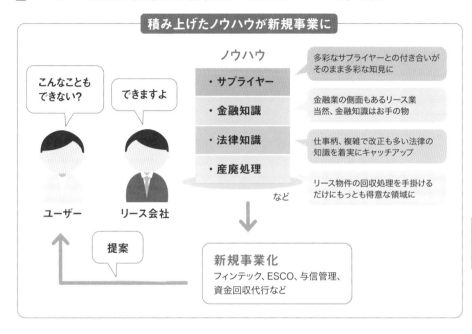

積み上げたノウハウが新規事業に

ノウハウ

・サプライヤー — 多彩なサプライヤーとの付き合いが
そのまま多彩な知見に

・金融知識 — 金融業の側面もあるリース業
当然、金融知識はお手の物

・法律知識 — 仕事柄、複雑で改正も多い法律の
知識を着実にキャッチアップ

・産廃処理 — リース物件の回収処理を手掛ける
だけにもっとも得意な領域に

など

こんなことも
できない？

できますよ

ユーザー

リース会社

提案

新規事業化
フィンテック、ESCO、与信管理、
資金回収代行など

▶ オリックスが展開している「隣地戦略」

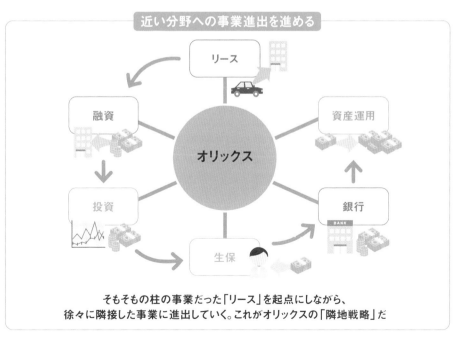

近い分野への事業進出を進める

リース

融資

オリックス

資産運用

投資

銀行

生保

そもそもの柱の事業だった「リース」を起点にしながら、
徐々に隣接した事業に進出していく。これがオリックスの「隣地戦略」だ

リース＋αで社会価値を作る

昨今、大企業を中心にリース離れが続いています。企業がリースを使うメリットが、相対的に下がってきたからです。その一方で、リースを積極的に利用している大企業もあります。その差は、いったいどこにあるのでしょうか。

📍 資金の豊富な大企業がリースを利用する理由

　日本のリース取扱高は、ピーク時の8.8兆円から約5兆円前後まで下がっていますが、日本企業の内部留保は、世界的な景気回復によって、7年連続で最高を更新しました。企業がたっぷりお金を持っていることに加えて、空前の低金利が続いています。リースにするよりも、購入した方が安くつくかもしれないという傾向が続いています。加えて、リース会計基準が改正されたことで、大企業にとってのリースのメリットは小さくなっています。

　一方、こうした状況にも関わらず、いまだリースが主流の物件もあります。それは、保有していることに手がかかる物件です。その典型はパソコンでしょう。パソコンを購入したら、まず**セットアップ**が必要です。大企業であれば、数千台のパソコンを一度に入れ換えたりするので、その作業は大変です。廃棄する時には、データを消したり、産廃業者を探したり、廃棄に立ち会ったりなど、様々な手続きが必要です。しかもパソコンの性能はどんどん進化しているので、頻繁に買い換える必要があります。その度に一連の作業が必要となります。

　しかしパソコンをリースにすれば、単に借りているだけなので、最後はリース会社に返却するだけです。少なくとも廃棄の手間はありません。だからリースが好まれるのです。言い換えれば、リース物件に**ライフサイクルマネジメント**的な付加価値をつければ、リース離れは起きないはずなのです。パソコンで言えば「セットアップ」「どの支店のどの部署に何台ずつ置かれているのかといった資産管理」など、リース物件にまつわるサービスを手掛けるリース会社は増えています。

セットアップ
ソフトウエアをインストールしたり、周辺装置を接続したりしてパソコンを使える状態にすること。

ライフサイクルマネジメント
設備や施設など、ファシリティの企画段階から廃棄されるまでの生涯に着目して計画を立てたり管理したりすること。

▶ 企業のパソコン導入におけるライフサイクルマネジメント

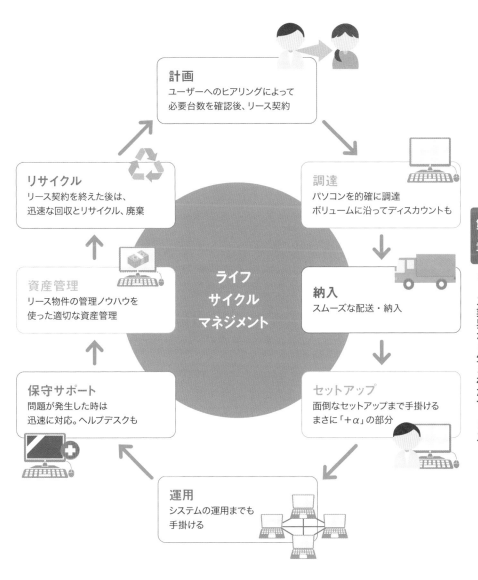

計画
ユーザーへのヒアリングによって
必要台数を確認後、リース契約

調達
パソコンを的確に調達
ボリュームに沿ってディスカウントも

納入
スムーズな配送・納入

セットアップ
面倒なセットアップまで手掛ける
まさに「＋α」の部分

運用
システムの運用までも
手掛ける

保守サポート
問題が発生した時は
迅速に対応。ヘルプデスクも

資産管理
リース物件の管理ノウハウを
使った適切な資産管理

リサイクル
リース契約を終えた後は、
迅速な回収とリサイクル、廃棄

**ライフ
サイクル
マネジメント**

パソコンなどのIT機器は、セットアップや使用中のトラブルなどの手間がつきもの。リース物件としての管理ノウハウを持つリース会社がそうした運用面も含めてライフサイクル全般をフォローすることで、スムーズかつムダのない導入・運用ができる

Chapter5 03

フィンテックへの取り組み

金融業界にとってもっとも関心が高いテーマは「フィンテック」でしょう。既存の金融システムをガラリと変えるパワーがあるからです。リース業界もフィンテックへの取り組みには熱心で、様々なサービスが生まれています。

リース業界も独自のフィンテックを展開

「フィンテック」は、金融（ファイナンス）と技術（テクノロジー）を組み合わせた造語です。資金の貸し手と借り手を直接つないだり、Eコマースと結びついた決済サービスを提供したりするなど、様々なサービスが生まれています。誰でもスマートフォンを持つようになり、またAIなどの技術が目覚ましく進歩したことで、金融機関やベンチャー企業が一斉にこの分野に参入してきました。

モノと関連づけながら独自の金融スタイルを築いてきたリース業界は、フィンテックでも独自の進化を遂げつつあります。中でもリース業界の与信力は、ITベンチャー企業と業務提携する際の大きな武器になりそうです。

例えば三井住友ファイナンス＆リースでは、**クラウド**上で使える会計ソフト『ＭＦクラウド会計・確定申告』で有名なベンチャー企業マネーフォワードと業務提携をしました。両社が提携することで、このソフトを利用する法人、ならびに個人事業主向けに、オンラインでリースを申し込むことのできる「オンラインリース」サービスの提供を始めました。クラウド型会計ソフトを通じたリースや延払の提供は、国内で初めてだといいます。

またオリックスは、会計ソフトを開発・販売する子会社の弥生とフィンテックサービスの専門会社を設立し、オンラインで融資の手続きが完了するシステムを作りました。決算書の提出も捺印も不要で、しかも最短で即日融資を受けることができます。

クラウド
特別なソフトウェアを持たなくても、インターネットを通じて必要な時に必要な分だけソフトウェアの機能を利用できるようにするという考え方。

▶ 三井住友ファイナンス＆リースのオンラインリースのイメージ

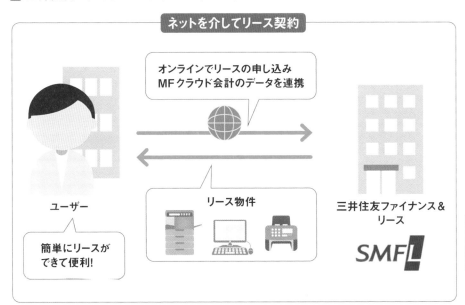

ネットを介してリース契約

オンラインでリースの申し込み
MFクラウド会計のデータを連携

リース物件

ユーザー

三井住友ファイナンス＆
リース

SMFL

簡単にリースが
できて便利!

▶ オリックスと弥生によるフィンテックサービスのイメージ

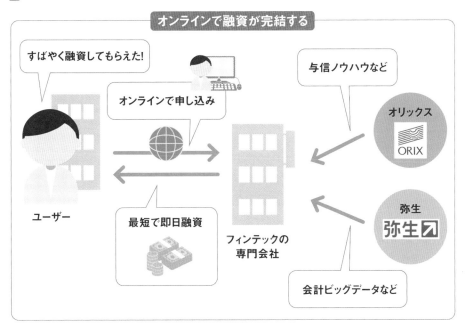

オンラインで融資が完結する

すばやく融資してもらえた!

オンラインで申し込み

与信ノウハウなど

オリックス
ORIX

ユーザー

最短で即日融資

フィンテックの
専門会社

弥生
弥生

会計ビッグデータなど

Chapter5 04

期待の大きい省エネ施設（ESCO）事業

ESCO 事業は、オフィスビル、ホテル、病院などの建物や施設をまるごと省エネ化することを目的とした事業です。巨大な初期投資が必要で、与信力、提案力などが求められるこの事業は、リース会社が得意とするところです。

リースと ESCO 事業との共通点

ESCO とは Energy Service Company の略称で、「包括的な省エネルギーサービスを実現させる事業」を意味しています。オフィスビル、ホテル、ショッピングセンターといった建物、あるいは施設群など、大規模施設をまるごと省エネ化することを目的としています。「空調だけ」「冷蔵庫だけ」といった単品で省エネを図るよりも、例えば空調機とともに、床材や窓を断熱効果や遮熱効果が高いものに変えた方が効果的だからです。

ポイントは、建物のオーナーの金銭的な負担がないことです。まず ESCO 事業者は、**省エネ**に取り組むことで、使用エネルギーがどのくらい少なくなるのかを保証するパフォーマンス契約を結びます。当然、水道光熱費は下がるので、下がった分を回収費用に充てます。そのため建物のオーナーの費用負担は一切ないし、無料だからこそ省エネに取り組む気になるという仕組みです。

そうはいっても、省エネ分だけで導入費用を全額回収しようとすれば何年もかかるので、その間、誰かが立て替えなくてはなりません。そこで、顧客が資金を出すギャランティード・セイビングス契約と、ESCO 事業者が負担するシェアード・セイビングス契約の2つが用意されています。利用者が多いのは、初期投資が不要のシェアード・セイビングス契約です。この契約の初期投資分の回収方法は、ファイナンス・リースの回収方法にそっくりで、リース会社の得意とするところです。そのため多くのリース会社が ESCO 事業に取り組んでいます。福島県の**スパリゾートハワイアンズ**や東京藝術大学大学美術館なども、ESCO 事業で省エネを図りました。手掛けたのは芙蓉総合リースです。また、リース会社の中には海外で積極的に展開しているところもあります。

省エネ
省エネルギーの略。石油・電力・ガスなどのエネルギーを効率的に使用して消費量を節約すること。資源の枯渇への対応から、環境保全へとその目的が変化した。

スパリゾートハワイアンズ
東日本大震災復興のシンボル。6つの温泉テーマパークで構成されているスパリゾート。

▶ ESCO事業の様々な手法

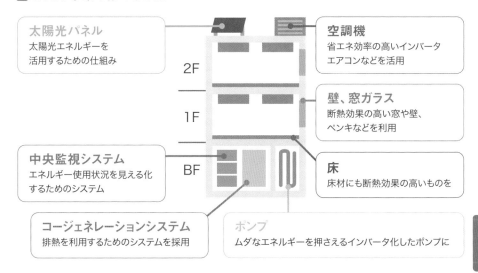

太陽光パネル
太陽光エネルギーを
活用するための仕組み

空調機
省エネ効率の高いインバータ
エアコンなどを活用

2F

1F

BF

壁、窓ガラス
断熱効果の高い窓や壁、
ペンキなどを利用

中央監視システム
エネルギー使用状況を見える化
するためのシステム

床
床材にも断熱効果の高いものを

コージェネレーションシステム
排熱を利用するためのシステムを採用

ポンプ
ムダなエネルギーを押さえるインバータ化したポンプに

▶ ESCOで光熱費支出を減らせば、多くの利益や配当が得られる

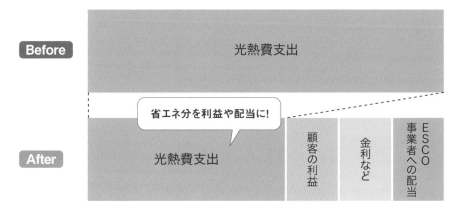

Before

光熱費支出

省エネ分を利益や配当に!

After

光熱費支出

顧客の利益

金利など

ESCO事業者への配当

ONE POINT　ギャランティード・セイビングス契約と
シェアード・セイビングス契約

ESCO事業には「ギャランティード・セイビングス契約（節減額保証契約）」と「シェアード・セ
イビングス契約（節減額分与契約）」の2つの契約形式があります。前者は顧客が資金を出して
設備を持つ契約、後者はESCO事業者が資金を出して設備を持つ契約です。

Chapter5 05

集金代行サービス

企業にとって、集金は手間がかかります。中小企業の場合は、集金の遅れが資金繰りの悪化に直結します。そこで、金融機関とのネットワークを活かして集金代行サービスを手掛けるリース会社も現れました。

銀行やコンビニを利用できるところも

集金
入金確認の他にも、請求書を発行したり、郵送したりするなど様々な作業がある。

　取引先企業からサービスの対価としてお金をもらう「集金」の手段には、主に直接回収する方法、金融機関口座へ振込みしてもらう方法、自動で口座から引き落としをする方法があります。しかし企業が金融機関と直接契約し、自動引き落としを自社で導入することは、導入コストが高く、最低利用件数の基準があることなどを理由に、中小企業で利用しているところは少数派でした。

　直接回収する場合だと、支払い者が直接支払いに出向かなければいけない手間や、現金の紛失等のトラブルの懸念、おつりの準備等が面倒です。また、金融機関口座への振込みをしてもらう場合でも、振込者の特定作業や、金額間違いの追加徴収・返金にも手間がかかり、どちらにしても煩わしい業務が付きまといます。

　一方、集金代行サービスを利用すれば、そうした手間やリスクは減少します。例えば、中小企業のユーザーが多い集金代行サービスを展開しているリコーリースには、すでに約1万社を超える利用客がいるそうです。塾の経営者など、個人事業主の利用者も少なくありません。リコーリースの集金代行のメニューには、「口座振替（自動引き落とし）」と「コンビニ決済（コンビニ払い）」があります。どちらの場合も、リコーリースが代行して集金することで、回収金は後日、一括して振り込まれます。

　回収状況などは専用のWebサイトで見られるので、確認作業も簡単です。請求書発行代行などのオプションもあります。

信用金庫
地域が繁栄するための相互扶助を目的とした金融機関。主な取引先は中小企業や個人で、信用金庫の利益よりも地域社会の利益が優先される。

　リコーリースでは、リース料の集金のために日本全国ほとんどの銀行や**信用金庫**などと口座振替の提携をしていました。このインフラを使ってグループ会社の売掛金の集金をしていたのですが、一般企業向けにも集金代行サービスを始めたのです。

▶ リコーリースが手掛ける集金代行サービス

かんたん便利な口座振替サービス

「わずらわしい
集金作業がなくなった!」

導入企業A社

④専用Webサイトより
引き落とし結果報告・送金

①専用Webサイトより
引き落とし依頼

リコーリース株式会社

③各金融機関からの
引き落とし結果報告・送金

②各取引先の金融機関へ
引き落とし依頼

 ○○銀行口座

 ××銀行口座

 △△信用金庫口座

**導入企業A社の
取引先A**

**導入企業A社の
取引先B**

**導入企業A社の
取引先C**

リコーリースの集金代行サービス

初期費用0円で導入でき、請求件数1件から利用できる集金代行サービス。すでに1万社を超える導入事業者がいるという。「コンビニ決済サービス」も人気
https://www.rl-shukin.jp/

Chapter5 06

早期資金化サービス （給与前払いサービス）

ノンバンクとも呼ばれるリース会社は、リースの枠に捉われない自由なビジネス展開が可能です。たとえばリコーリースでは、中小企業の人手不足の悩みから新しいサービスを開発しました。

📍 アルバイト代も前払い

　リコーリースは、2019年5月に「早期資金化サービスRiLTA（リルタ）」をスタートしました。それは、働いた分の給与の一部を、給与日を待たずに受け取れるサービスです。

　具体的には、企業が「RiLTA」を導入すると、従業員は働いた分の給与から先に受け取りたい金額（前払い可能額）をスマホで確認できます。前払い可能額は、社会保険料など控除費用を考えるとおおむね給与の6～7割程度になるそうです。例えば従業員Aさんが、今月、急な出費が必要になったとします。他にも出費がかさみそうなので、少しお金が足りない。こんな時にスマホで「RiLTA」をチェックすると、10万円とか20万円といったように、前払い可能額が表示されます。その範囲内で、先に受け取りたい金額を申請します。これまで会社には言いづらく借入に頼っていた人にとっても、スマホから気軽に利用できます。申請してから最短で、当日に振り込まれます。また、導入企業にとっても、原則として振込みなどの手間はなく、従業員が前払いした実績を管理画面で確認し、利用額を給与から控除するだけです。

ファクタリング
企業の売掛金を買い取ってもらうこと。売掛金には、債権、介護報酬の介護保険給付金などがある。

　サービスの着想のきっかけは、リースや介護**ファクタリング**サービスの取引をしている企業から従業員や学生アルバイトの「採用ができない」「定着率が悪い」という話を聞くことが多くなったことです。彼ら向けの魅力的な福利厚生の1つとして早期資金化サービスが役立つかもしれないと考え、開発に着手したそうです。

　特に学生アルバイトなどにとっては、好きな時にアルバイト代を受け取れるのは魅力的でしょう。また外国人労働者にとっても、たとえば自国の事情にあわせて支払いタイミングを調整することもできるので、使い勝手がいいかもしれません。

▶ 給料日を待たずに従業員が給与を得られる「RiLTA」

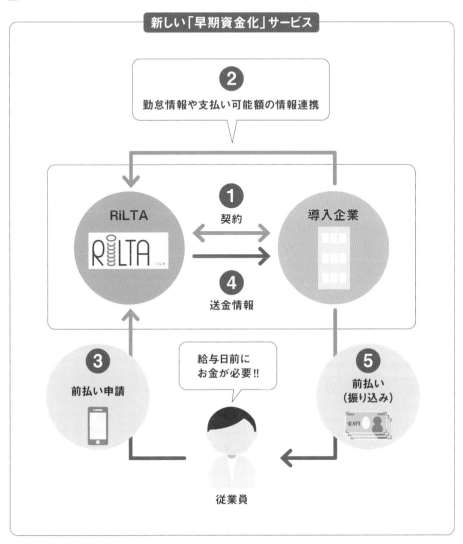

リコーリースの早期資金化サービス

給与の前払い（日払い・週払い）制度をリコーリースのノウハウ、システムを使って簡単に導入。求人応募率や従業員定着率アップが期待できる
https://rilta-web.com/

Chapter5 07

リースと相性がいいPFI

PFIは、適正なコストで質の高いサービスを実現するために、公共施設の運営や維持管理を民間企業にまかせるという手法のことです。PFI 法が施行されるとともに、リース会社も、この分野に積極的に参入しています。

公共施設の運営にリース会社のノウハウを生かす

公共施設が赤字体質になりやすいのは、世界共通です。倒産する心配がないので、スタッフにコスト意識やよりよいサービスを提供しようといった発想が育ちにくいからです。そこでイギリスやフランス等で導入されたのが、公共施設の建設や運営、維持管理などを民間企業にまかせるPFI（Private Finance Initiative）でした。いずれの国でも高い成果をあげていたことから、日本でも導入することになり、1999年にPFI法が制定されたのです。

公共施設は大規模なものが多いため、建設、改修、運営に多様なノウハウが必要です。そこでPFIでは多くの場合、いくつかの企業が**コンソーシアム**を組んで行われます。運営や管理まで任されるので、PFIの契約は長期に渡るのが一般的です。30年、40年といった長期契約も珍しくありません。

コンソーシアムを組む中で、リース会社が持っている長期契約のリスク管理のノウハウは重宝されます。コンソーシアムの中の1企業としてリースだけを担当することもあれば、代表企業として事業全体をまとめるケースもあります。

例えば三菱UFJリースは、京都御池中学校・複合施設整備等事業、千代田区富士見こども施設（仮称）整備事業、神戸市中央卸売市場本場再整備事業などで、代表企業を務めています。

一方、オリックスは施設の運営権だけを買い取る**コンセッション方式**（PFIの一方式）によって、関西国際空港と大阪国際空港、神戸空港の運営権を取得しました。関西国際空港で国際線の新しい航路（中距離）を開けば1年間に渡って着陸料を無料にするなど、民間ならではの集客アイデアを実行して、世の中を驚かせました。

コンソーシアム
企業連合。大規模な事業に取り組むため、ノウハウや資金、投資リスクの分散などを目的に、グループや国などの枠を超えて多様な企業が協力しあうこと。

コンセッション方式
コンセッションは、免許、特許、利権などを意味する。コンセッション方式は、自治体などが公共施設の所有権を持ったまま、運営権だけを民間に売却できる制度。

▶ PFIが普及した理由

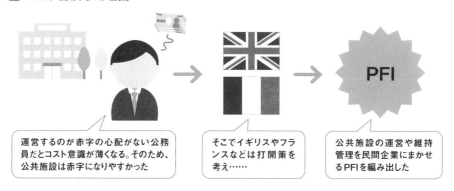

運営するのが赤字の心配がない公務員だとコスト意識が薄くなる。そのため、公共施設は赤字になりやすかった

そこでイギリスやフランスなどは打開策を考え……

公共施設の運営や維持管理を民間企業にまかせるPFIを編み出した

▶ PFIの仕組みの一例

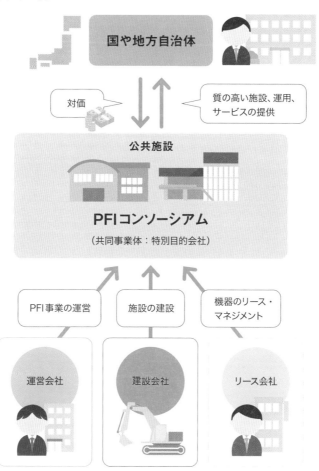

国や地方自治体

対価

質の高い施設、運用、サービスの提供

公共施設

PFIコンソーシアム

（共同事業体：特別目的会社）

PFI事業の運営

施設の建設

機器のリース・マネジメント

運営会社

建設会社

リース会社

Chapter5
08

海外展開をサポートする
国際販売金融

販売金融とは、リース会社がメーカーなどの販売を支援することです。分割払いやリースなど、様々な金融サービスを提案します。グローバル化に向けて、販売金融に再び力を入れ始めるリース会社が出てきました。

重要なのはローカルスタッフとの協力体制

販売金融
メーカーや販売会社などに対する、金融サービスを使った販売支援。

　リースは、もともと**販売金融**からスタートしました。メーカーや製品の販売会社を対象に、リースを中心とした金融サービスを通じて販売支援を行ってきたのです。しかし、金余りや低金利が続く日本では、リース会社の金融サービスは購入に結びつきにくくなりました。その結果、リース会社は多様なサービスを開発してきたという経緯があります。

　それに対して、新興国ではいまだ販売金融が有効です。若年人口が多く、経済成長率も高く、投資意欲も旺盛です。ところがそれに対して資金が不足気味なため、なかなかモノが買えません。そこで、リースや分割払いをはじめとした金融サービスが、製品の販売促進につながるというわけです。こうしたグローバルな販売金融に力を入れているリース会社の1つが、三井住友ファイナンス＆リースです。国内市場の縮小に伴い、海外市場への進出を狙う企業の販売をサポートできる体制を整えようとしているのです。同社の国際販売金融への取り組みは20年近くの歴史があり、海外拠点も充実しています。中国だけで広州、上海、北京など5拠点、タイ、マレーシアなどにも拠点があります。

　一般に、新興国でのビジネスは難しいといわれています。法制度や税制、商慣習などが異なり、審査のポイントもよくわかりません。しかし、難しければ難しいほど、支払いが保証される販売金融を利用したいというサプライヤーは増えるはずです。

ローカルスタッフ
本国ではなく、現地で採用した社員。日本人を海外の支店や営業所で採用した場合もローカルスタッフという。

　そこで同社では、400人の**ローカルスタッフ**を擁して、それぞれの国の商習慣から学んでいるそうです。2018年にはインドの大手リース会社と提携しました。現地に溶け込む地道な努力が実を結び、現在は欧米の会社からの相談も増えているそうです。

▶ 販売金融の基本的な形

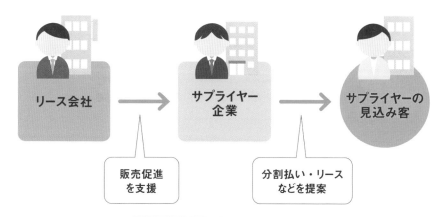

リース会社 → サプライヤー企業 → サプライヤーの見込み客

販売促進を支援

分割払い・リースなどを提案

販売金融は国内から新興国へ

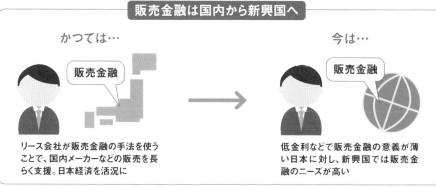

かつては…

販売金融

リース会社が販売金融の手法を使うことで、国内メーカーなどの販売を長らく支援。日本経済を活況に

今は…

販売金融

低金利などで販売金融の意義が薄い日本に対し、新興国では販売金融のニーズが高い

▶ 新興国で販売金融のニーズが高い理由

若年人口が多い

若い人はおしゃれや流行などに興味を持つので、消費が伸びる

高い経済成長率

経済成長率が右肩上がりな新興国では、投資意欲も消費意欲も極めて高い

所得水準の上昇

経済状況がよいため、所得水準が全体的に底上げされ、その分が消費に回る

リユース・リサイクルの
ノウハウがビジネスに

リース会社はあらゆるモノを扱っているので、様々な物件の処分方法を知っています。リサイクル・リユースの市場についても熟知しているのです。こうしたノウハウをもとに、新事業を立ち上げるリース会社も出てきました。

契約者以外でも利用できる

リユース
再使用すること。形状は変えずに、そのまま使う。洋服、牛乳瓶、ビール瓶など。

リサイクル
砕いたり、溶かしたり、あるいは一部の部品だけを取り出すなど、モノを再び原料として使うこと。ペットボトルなど。

　リース会社が**リユース・リサイクル**ビジネスに進出する例が増えてきました。中でも盛んなのは、中古機器の関連事業です。例えば三井住友リース＆ファイナンスは、中古機械の売買を専門に行う部門を社内に設けています。売買専門サイトもあり、そこで工作機械や建設機械や板金機械などを売買しています。関東と関西には展示用倉庫があり、常時200件以上の在庫があるそうです。この他、中古半導体製造装置専門の売買サイト、子会社が運営している中古医療機器の売買サイトもあります。

　昭和リースは、動産一括処分サービスを手掛けています。扱うのは閉鎖した工場、撤退した事業の遊休設備、設備の入れ替えで発生した余剰設備など、一度に大量に発生する動産です。買取業者を紹介する、スクラップとしてまとめて購入する、入札会を実施するなど、様々なメニューがあります。

　リース会社がリユース・リサイクル事業に進出するのは、すでにそのノウハウを持っているからです。リース物件はすべてリース会社の持ち物なので、リース期間が満了になれば返却されます。返却されたリース物件は、リース会社が責任をもって処分しなくてはなりません。廃棄物として処理すれば費用がかかるだけですが、リサイクルやリユースにすれば、処理費用がかからない上に収益も得られるので、リース会社の利益率が向上します。少しでも利益率を上げるために、リース会社は廃棄物処理業者やリサイクル・リユース業者などとネットワークを築き、相場観などもわかるようになったのです。地球規模の環境問題が深刻になるとともに、リース会社が持つ廃棄物の処理やリサイクル・リユースのノウハウは、さらに求められていくでしょう。

▶ 昭和リースの動産一括処分サービス

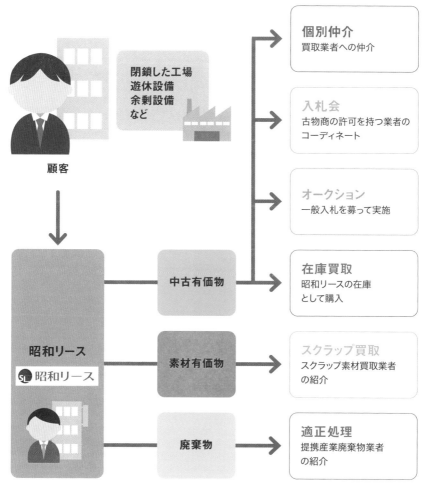

※昭和リースの公式サイトの掲載図をもとに作成

三井住友ファイナンス&リースの「RE:MACHINE」

三井住友ファイナンス&リースが手掛ける中古機械売買専門のサイト「リマシーン」。工作機械、成形機、建設機械、医療機器などが揃う
www.re-machine.jp

Chapter5 10 レンタルで広がるロボット派遣

レンタルには「必要な時だけ利用する」という利用頻度の側面の他に、「必要かどうか」「使いやすいか」を試してみるという側面もあります。いくつかのリース会社は、レンタルによるロボット派遣を始めました。

📍 法改正で人間とロボットが一緒に働けるように

最近、いくつかのリース会社がロボット派遣サービスを始めました。いったいどのような時に使うサービスなのでしょうか。利用の典型例は、急に増産が必要になった場合や欠勤者や退職者が出て、人手が足りなくなった場合などです。すぐに人を確保するのが難しい時に、ロボットを派遣してもらうのです。製造工場の**ライン作業**で、派遣されたロボットは人間と一緒の製造ラインに立ち、作業をします。

ロボットのリースやレンタルが広がった1つの理由は、規制の撤廃でしょう。2013年まで、80ワット以上のモーターを備えたロボットは、事故防止の観点から、人間と並んで働くことは禁じられていました。ロボットを導入するためには、人間とロボットの間に柵を設けるなど、事故防止の対策を打つ必要があったのです。そうした規制が撤廃されたことから、ロボットが活躍できる仕事の場が急速に広がりました。もっとも、多くの企業にとって協働ロボットの利用ははじめてです。実際に効果があるのか、試してもらうのが1番です。ロボットレンタルのサービスを始めるリース会社も出てきました。例えばみずほリースは、デンソーウェーブが開発した「COBOTTA」のレンタルを開始しました。「COBOTTA」は、机の上に載せられるほど小型のアーム型ロボットです。またロボットに仕事を教えるのに、複雑なプログラミングやティーチングの知識は不要です。人間のように手を取って教える、ダイレクト教示が可能なのです。

矢野経済研究所の調査によれば、世界の協働ロボット市場はメーカー出荷金額ベースで2015年の180億円から2017年には650億円に拡大。2024年には8500億円への成長を予測しています。

ライン作業
ベルトコンベアーなどに流れてくる部品を組み立てたり、食品を袋につめたりといった、製造の一工程を担う作業。

▶ 協働ロボットの世界市場規模推移と予測

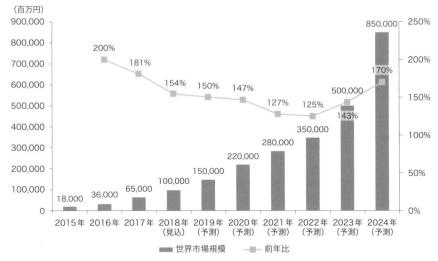

注1. メーカー出荷金額ベース
注2. 産業用ロボット（ISO 8373）のうち、ISO 10218-1に適した協働ロボットを対象とする
注3. 2018年は見込値、2019年以降は予測値

※出典：協働ロボット市場に関する調査（2018年）2018年12月19日発表／矢野経済研究所

▶ ロボットをレンタルするメリットとは？

ロボットレンタルのメリット

AI（人工知能）とリース業界

リース業界の様々な取り組み

　現在、様々な分野でAI（人工知能）技術の活用への取り組みが進んでいます。病気の診断、渋滞緩和、高齢者の見守り、自動運転などはその代表例でしょう。

　リース業界でも、AI技術の活用への取り組みが始まりました。例えば自動車リースを手掛ける日本カーソリューションズは、NTTコミュニケーションズとともにAIを活用した交通運転コンサルティングサービスを始めました。

　また三菱UFJリースは、セキュリティ機器を販売しているあいホールディングスと組んで、AIを活用したマンション管理の省人化などに取り組み始めました。オフィスビルや病院・福祉施設、工場・倉庫等への展開も視野に入れているそうです。一方、三井住友ファイナンス＆リースでは、AIやRPAなどの導入を2年かけて内製化しました。デジタルシフトを進めるにあたって、新しい技術に踊らされないためです。業務の効率化だけではなく、ビジネスモデルの確立も狙っています。

ポイントは豊富な学習データ

　リコーリースは、リコーICT研究所と共同で「AI技術を活用する審査業務自動化」を開発しました。同社の顧客基盤は約40万社、審査件数は月間3万件を超えるそうです。それらのデータをAIに学習させることで、倒産リスクなどを予測できるようになり、高い精度の審査が可能になるのです。

　AIの精度を上げていくポイントの1つは、学習データの多さです。リース業界では、何年にも渡る顧客の支払いデータ、様々な業界のデータを持っています。それらをAIに活用することで、様々なビジネスチャンスを発見できそうです。

第6章

リース会社の仕事と組織

外からは見えにくいリース会社の仕事。リース業界に就職したら、どんな仕事をするのでしょうか。多彩なリース会社の仕事にはどんなものがあるのでしょうか。リース会社の各部門、それぞれの仕事内容、そしてそのやりがいを紹介します。

Chapter6
01

リース会社の仕事①
エリア営業

エリア営業は、エリアで決められた範囲の営業をする仕事です。「港区」「城東地区」「東京」「関東」など、エリアの分け方は各社異なります。エリア内には様々な業種の会社があるため、オールマイティな知識が求められます。

金融、会計、法務などリースの基礎を学べる

ユーザーに対してリース契約を提案したり、実際に契約を締結したりする。それが、リース会社の主な営業職の仕事です。ユーザー向けの営業職は、担当エリアによって分かれた「エリア営業」と、業界に特化した「専門営業」に分かれることが多いようです。ここでは「エリア営業」について解説しましょう。

エリア営業の担当エリアは「関東」「関西」のように広い範囲で分ける会社もあれば、「千代田区」「港区」「中央区」といった小さな範囲で分ける会社もあります。また1つのエリアを1人が担当する場合もあれば、グループで担当する場合もあります。

仕事の内容には商談、提案、契約、検収、リース期間の管理などがありますが、大きな特徴は、リースに関するあらゆる知識が求められるということです。エリア内には、製造業からサービス業まで幅広い業種の企業、またスタートアップ企業から大企業まで、様々な規模の会社があります。当然、それぞれの企業が抱えている悩みや、リース会社に期待することは違います。例えばA社からはリース料の見積もりの依頼、B社からは利用できそうな助成金の相談、C社からは不動産ビジネス進出の相談といった具合です。また銀行や会計事務所などから、「彼らの顧客から持ち込まれた案件」の相談を受けることもあります。

エリア営業を経験すれば、リース業務の基礎といわれている金融、会計、法務などの知識が身に付きます。また、どのような案件をどのような部署に相談すればいいのか、誰がどのようなことに詳しいのかといったこともわかり、社内のネットワークも広がります。非常に勉強になるので、多くのリース会社が、新入社員をまずはエリア営業に配属するのです。

営業職
製品やサービスを見込み客に向けて提案したり、売買契約を結んだり、代金回収をしたりする職種のこと。

検収
発注した物件の数量、品質、仕様などがあっているか検査した上で受け取ること。

▶ エリア営業職のユーザーに対する仕事

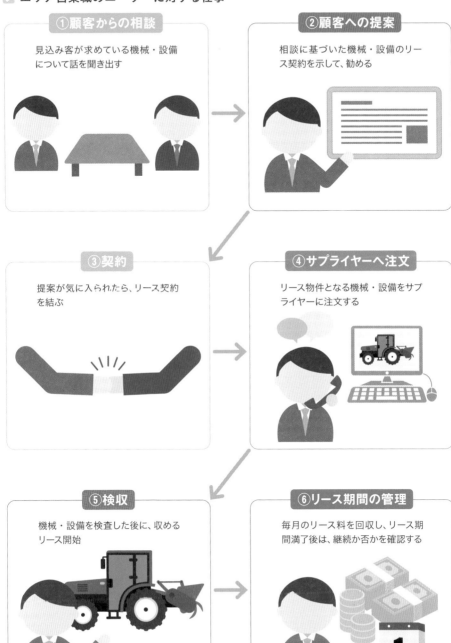

①顧客からの相談

見込み客が求めている機械・設備について話を聞き出す

②顧客への提案

相談に基づいた機械・設備のリース契約を示して、勧める

③契約

提案が気に入られたら、リース契約を結ぶ

④サプライヤーへ注文

リース物件となる機械・設備をサプライヤーに注文する

⑤検収

機械・設備を検査した後に、収めるリース開始

⑥リース期間の管理

毎月のリース料を回収し、リース期間満了後は、継続か否かを確認する

リース会社の仕事②
専門営業

「専門営業」は、不動産、医療、環境、航空機、船舶など、１つの業界に特化した営業職のことです。専門営業マンは、担当する業界の特性を熟知しているので、それぞれの業界に即した提案ができます。

特定の業界に特化した営業職

　専門営業は、１つの業界に特化した営業職です。代表的な分野としては「医療」「環境」「航空機」「船舶」「工場」「不動産」「農業」などがあげられます。専門営業が必要とされるのは、業界を知らなければ、サプライヤーやユーザーの悩みを深く理解することができないからです。まして、ビジネス提案などできるはずがありません。

　例えば病院からリースの相談を受けた場合、そもそもリースをしたいと考えている医療機器が「何をする機器」なのかの知識がなければ、話になりません。また、間違った提案をしてしまうかもしれません。それに対して医療専門の営業担当者を養成していれば、当然、その機器が何をするものなのかがわかります。そして、「その機器は集客につながるのか」「すでに持っている機器で代替できないのか」などといったことまで、吟味することができます。さらに「周辺の病院との競争状況はどうなのか」「繁盛しているのか」「リース料を払いきれるのか」といったところまで確認できるでしょう。

　また、自動精算機や電子カルテなど、最近のトレンドである省力化への取り組みにも目を光らせているでしょう。予算が厳しいようであれば、中古品のリースを提案するかもしれません。医療機器の専門営業マンとして多様な病院を見ていると、こうしたユーザー目線の細かな提案営業ができるのです。これは他の業界でも同様です。

　技術的な知識が必要になることもあるため、エリア営業マンには理系の出身者も少なくありません。エリア営業を数年経験した後に、専門営業に配属されるというコースが一般的です。

自動精算機
医療費自動精算機。挿入口に診察券を入れると、医療情報を読み取り精算できる。精算を済ませると、診療明細書と領収書が自動的に発行される。

電子カルテ
医師が患者の診療経過を記すカルテを電子化したもの。従来の紙に比べて、入力や保存が簡便になる。

▶ 1つの業界に特化した専門営業

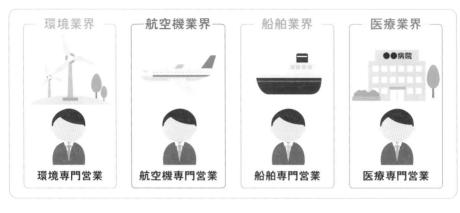

▶ 専門性のない営業マンの場合

▶ 専門営業の場合

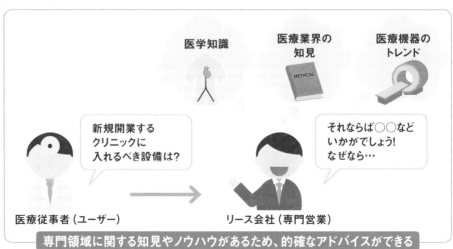

Chapter6
03

リース会社の仕事③
サプライヤー営業

メーカーや販売店をはじめとするサプライヤーにとって、リースは有力な販促手段です。そのためには、サプライヤーにリースのメリットを認識してもらうことが大切です。その役割を担うのが、サプライヤー営業です。

📍 リース会社と提携するサプライヤーの開拓

ユーザーに対する営業職以外に、リース会社にはサプライヤー向けの営業職があります。これがサプライヤー営業、あるいはリテール営業と呼ばれる業務です。

サプライヤー営業の仕事は、大きく分けると2つあります。1つは、新規のサプライヤーの開拓です。リース取引においてユーザーは、好きなメーカーや販売店で製品を選び、好きなリース会社でリース物件にできます。しかし、すでに特定のリース会社との付き合いがある場合を除けば、わざわざリース会社を探すようなユーザーはほとんどいないでしょう。メーカーや販売店などのサプライヤーが提携しているリース会社があれば、その中から選ぶ方が面倒がないからです。そこでリース会社のサプライヤー営業マンは、サプライヤーに提携をお願いしに行くのです。

2つ目は、リースのメリットの説明です。すでに提携しているサプライヤーを訪問して、販売促進としてのリースの活用法を提案します。サプライヤーにとっては、一括払いでも、分割払いでも、リースでも、どの手段を使っても製品が売れたことに変わりはありません。もちろん貸し倒れのリスクもないので、どの方法で売れてもいいわけです。しかし、購入に迷っているお客さんにリースの提案をすれば、もしかすると、もっと多くの製品が売れるかもしれません。なぜならリースを利用すれば、助成金や補助金獲得のアドバイスが得られたり、中小企業であれば損金扱いができるため事務作業が楽になったり、廃棄処分が簡便になったりといった、様々なメリットがあるからです。サプライヤー営業は、サプライヤーが見込み客に対してリースを勧めたくなるように、このような利点をきめ細かく説明するのです。

リテール
一般消費者向けの「小売り」のこと。リテール営業はこうした小売店などに対する営業。

販売促進
セールス・プロモーション。商品に対する購買意欲を刺激するための活動のこと。

▶ サプライヤー営業の仕事① 「サプライヤーの開拓」

ユーザーの選択肢を増やす意味でも、多彩なサプライヤーとの提携を目指す

▶ サプライヤー営業の仕事② 「リースのメリットの説明」

リース物件として販売することのメリットをしっかりと伝える

Chapter6
04

リース会社の仕事④
海外営業

海外営業は、日本企業の海外進出をリースによってサポートしていく仕事です。進出の可否を調査するための拠点作り、現地での製品販売、工場建設等の設備投資をはじめ、サポートの範囲は多岐に渡っています。

リースによって海外進出のお手伝い

　企業が海外に進出する場合、国内とは勝手が違う様々な業務が発生します。リース会社の海外営業は、そうした困りごとを引き受ける部門です。海外営業の典型的な業務の1つは、現地での受け入れ体制の準備です。企業が海外進出を決定した場合、最初に取り組むのが現地調査です。実際のマーケットはどういう雰囲気なのか、工場の予定地はどんな場所か、治安はどうかなどを、実際に目で見て確かめるのです。現地調査には様々な人がやってくるので、仮設事務所や住宅が必要になるかもしれません。また、場所によっては自動車も必需品かもしれません。

　リース会社に頼めば、このような準備のためのファシリティ一式をリースで揃えてくれます。それによって担当者は、着任するとすぐに仕事に取り掛かれるのです。計画の実行が決まれば、現地工場の整備が必要になります。そして工場を作るのは、リース会社の得意とするところです。このようにリースを利用することで、初期投資を抑えて海外展開ができるというわけです。

　また「サプライヤーの海外での販売の手伝い」という仕事もあります。それが国際販売金融です。具体的には、次のようなステップで販売支援が始まります。まずサプライヤーがオフィスや工場、あるいはショールームを用意して販売体制を作ります。キャッシュでの一括払いは厳しいという顧客がいれば、リースの利用を勧めてもらいます。リースを使うと決めたら、リース会社が審査を行います。こうしたリース取引を増やすべく、多くのリース会社は、海外企業（＝ユーザー）を審査するノウハウを急ピッチで蓄積している最中なのです。

治安はどうか
海外進出で大切なことの1つは従業員の安全。現地の治安が安定しているかどうかは、海外進出をする際の大きな判断材料になる。

ファシリティ
設備のこと。オフィスや工場などの施設そのものから内装設備、備品などまでが含まれる。

国際販売金融
販売金融は、メーカーや販売会社に対して顧客への販売支援策としてファイナンスのメニューを用意すること。それを海外で手掛けるのが国際販売金融。

▶ 海外営業の仕事① 「リース取引で海外進出をお手伝い」

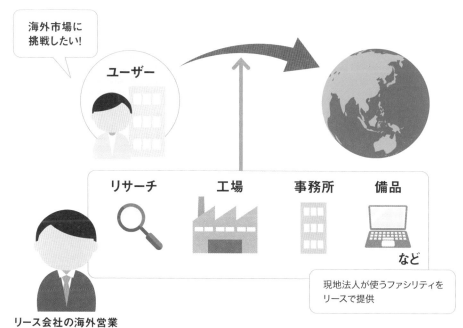

海外市場に挑戦したい！

ユーザー

リサーチ　工場　事務所　備品

など

現地法人が使うファシリティをリースで提供

リース会社の海外営業

▶ 海外営業の仕事② 「サプライヤーの販売をお手伝い」

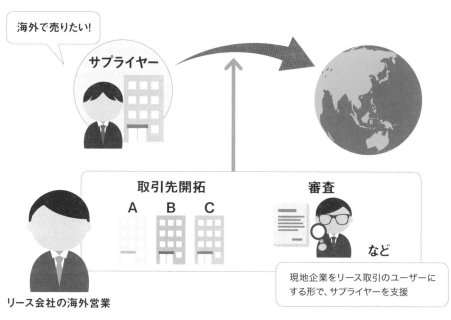

海外で売りたい！

サプライヤー

取引先開拓
A　B　C

審査

など

現地企業をリース取引のユーザーにする形で、サプライヤーを支援

リース会社の海外営業

リース会社の仕事⑤
審査部

リース会社の収益は、ユーザーが毎月支払うリース料にあります。リース料の支払いが滞れば、損害はすべてリース会社が引き受けることになります。そのような事態が起こらないように審査を行うのが審査部です。

リース契約を勧めるかどうか判断

審査部の仕事は、営業マンが進めているリース取引の契約内容が適切かどうかを判断することです。「このユーザーは毎月のリース料をしっかりと支払えるか」「適切に事業計画通り進められるか」といった与信審査の作業を担うのが審査部なのです。

ところで、リース会社は銀行と違い、ユーザーの預金を見ることもできなければ、担保もとれません。そうした条件下で、リース契約をするかどうかの判断は、どのように行うのでしょうか。審査部は、会社案内、3期分の決算書、経営状況、代表者の経歴などをチェックします。その上で、リース物件を導入して何をしたいのか、事業に将来性はあるのか、社長の性格はどうか、などをヒアリングを通して明確にしていきます。

一方、営業マンにとっては、せっかく決まりかけた契約です。できれば審査を通したいので、様々な情報を集めてきます。案件を通すために、営業マンが審査部でプレゼンテーションをすることもあります。例えば、1億円の工作機械の導入によって、月に100万円の売り上げ増加を見込んでいるとします。その場合、諸経費を引いて20万円が手元に残る計算です。「その中からリース料金を支払うので無理はないはずだ」といったことを営業マンがプレゼンするのです。

審査部は、このような話を参考にしたり、資料を見たりしながら、「取引額が多すぎないか」「リース期間は妥当か」などといったことを総合的に検討して、取引を進めるか、取り下げるかを決めるのです。とはいえ、すべてのリース取引を審査部で吟味しているわけではありません。小さな案件は、部の責任者の判断で可否を決めています。

代表者の経歴
困難に陥った時に、どれだけがんばったかなど、代表者の過去の経歴は、決算書以上に会社の信用力を表すこともある。

ヒアリング
聞き取りによる情報収集。マーケティング調査などでも使われる。

▶ 取引先情報を多方面から集める審査部

取引先情報

会社案内

決算書

事業の将来性

経営状況

代表者の性格

代表者の経歴

審査部

与信を判断する、
リース会社の
要の1つ!

決算書や会社案内、ヒアリングなど多様な角度からユーザーの与信を審査する。最近はITやAIを駆使したデータ解析を利用する会社も

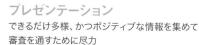

プレゼンテーション
できるだけ多様、かつポジティブな情報を集めて
審査を通すために尽力

営業マン

Chapter6
06

リース会社の仕事⑥
広報部

広報部の仕事は、社外広報と社内広報に分けられます。社外広報は、マスコミなどを通じて自社のブランド力などをあげる活動です。社内広報は、社内報などを通して、社員に対して知っておくべき社内情報を伝えます。

これから重要度が増すことが予想される職種

　リース会社の企業活動、サービスなどの情報を広く発信するのが広報部の仕事です。広報部の1日は、情報のチェックから始まるのが通常です。新聞や業界紙、ネットニュースなどに目を通します。チェックするのは、1つは自社やグループ会社に関連した記事です。見つけた記事は、クリッピングをしていきます。

　加えて、業界に関連しそうな記事もクリッピングしていきます。リース業界では、太陽光発電をはじめとする再生可能エネルギーに関する記事、医療機器など、他業種に関する情報も欠かせません。また、金利や為替、景気指標などのチェックも必須です。

　社外広報のメインの仕事は、取材依頼の整理でしょう。取材のきっかけづくりになるのがプレスリリースと呼ばれる、新事業や新製品などの案内です。インターネットを使ってマスコミ向けに配信したり、自社のサイトに掲載したりすると、興味を持ったテレビや新聞、雑誌などから取材依頼が入ってきます。

　依頼のあった取材の趣旨を確認し、受けるか受けないかを判断していきます。会社のイメージアップにつながる取材もあれば、そうでない取材もあるからです。取材を受けることになれば、今度はどの部署の誰が適任かを探し、取材の了承を取りつけた上でスケジュールを調整していきます。

　実際の取材の日には、多くの場合、広報部が立ち会います。担当者をフォローするための資料を用意したり、記者などに掲載や放映までに必要な作業を確認したりするためです。掲載誌の発売日やテレビの放映日が決まれば、社内に告知を行います。配信したプレスリリースをきっかけに記事として取り上げられたり、番組になったりした時には、大きなやりがいを感じます。

プレスリリース
報道機関、メディアに向けて、企業が発信する情報発表用資料のこと。ニュースリリースともいう。

▶ 社内外に、会社のことを知ってもらうのが広報の仕事

同じ会社でも違う部署やサービスのことは見えにくいもの。社内報メディアで周知できる。また理念の浸透などインナーブランディングにも役立つ

あの部署がこんな取り組みをねえ…

社内広報

広報部

社外広報

新たなサービス、商品、取り組みなどを積極的に外部にアピールすることは、顧客開拓やIRでも重要になる。さらにリクルートにつながることも

おもしろいサービスだなあ

社内報など

インターネット、雑誌、テレビなど

▶ 外部メディアへの対応は広報の大切な役割

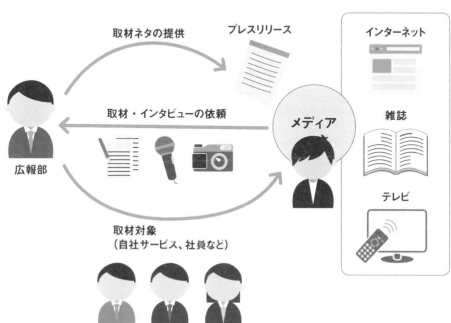

取材ネタの提供　プレスリリース

インターネット

取材・インタビューの依頼

メディア

雑誌

広報部

テレビ

取材対象
（自社サービス、社員など）

リース会社の仕事⑦
財務部

リース物件を購入するための資金調達、物件代金の支払いなど、リースにまつわる資金の管理を行うのが財務部の仕事です。リース業は多額の資金を必要とするので、スムーズな業務ができるかは財務部の腕にかかっています。

会社全体の資金の流れを管理する

　財務部の仕事は、会社が資金不足に陥らないように、会社全体のお金の流れを管理することです。特にリース会社は、ユーザーの希望に応じて航空機や船をはじめ高額な物件を次々に購入します。そのため他の業種と比べて、莫大な資金を必要とします。リース会社の財務部は、そうした莫大な資金の流れを管理する大切な仕事をしています。中でも重要な仕事が、「資金調達」です。

　かつて資金調達の方法といえば、銀行からの借り入れでした。しかし銀行だけに頼ると、銀行の貸し出し方針が変わった場合など、お金がスムーズに借りられなくなった時の対処法がありません。そこでリース会社の財務は、資金調達手段の多様化に取り組んできました。現在はCP（コマーシャル・ペーパー）、社債の発行、リース債権の証券化など、様々な資金調達方法を持っています。

　資金を調達できても、ひと安心ではありません。資金の調達と運用に、ミスマッチが発生する可能性があるからです。例えばブルドーザーのリースを希望するユーザーがいたので、金融機関からブルドーザーの購入資金を借りたとしましょう。金融機関の金利は、一般に変動金利です。それに対してリース料は固定です。仮に契約期間中に金利が高くなれば、利益は薄くなってしまいます。逆に金利が下がれば、利益は増えます。このようにリース契約には、利益が厚くなったものと薄くなったものが混在しているわけです。またリース会社によっては、レンタル事業やクレジット事業を手掛けているところもあります。財務部は、このようなすべての事業の調達と運用をまとめて整理し、ミスマッチを予測し、これからの資金の調達手段を考え、リスクを軽減していくことが求められるのです。

証券化
キャッシュフローを得られる資産を、売却しやすいように有価証券に組み替えること。

変動金利
金利とは、貸りたお金などにかかる利子のこと。変動金利とは、金融状況などによって利率が変わる金利のこと。対義語は貸出時の金利が変わらない「固定金利」。

▶ 財務部は「資金調達」と「運用」のバランスを見る

資金調達と運用

CP

資金を得るために企業が発行する短期社債

銀行

銀行からの融資は、資金調達の王道だ

社債

CP同様に資金調達を目的に企業が発行する有価証券

リース債権の証券化

リース債権を有価証券化することも可能

財務部

調達と運用のバランスをみて、リスクを軽減

資金の調達と運用にミスマッチが出ないよう、幅広い視野でお金の流れを調整する

=調達資金

=運用資金

リース料

リース取引で得られたリース料の中から、返済資金を回していく。リース料は固定であるため、変動金利である返済資金とのバランスが腕の見せどころに

Chapter6
08
リース会社の仕事⑧
法務部

契約書のあるなしに関わらず、仕事は契約の連続です。どんなトラブルでも、つきつめれば法律の問題に行きつきます。訴訟などに発展しないように、あるいは裁判になった時に備えて、助言や指導をするのが法務部の仕事です。

📍 不本意な契約を未然に防ぐ

法務部の仕事は、契約書を作成したり、裁判の準備をしたり、コンプライアンスの体制を作ったりするなど、多岐に渡ります。リース会社の法務で、特に重要なのは契約に関する支援でしょう。リース物件にあわせて、その都度、契約書を作る必要があるからです。契約書の内容が、担当者が意図したものになっているかどうか、1枚の契約書の中に矛盾した条件が混在していないか、といったことを検証していきます。

それでも、時には大きなトラブルに発展することもあります。その典型は、リース契約に関するトラブルです。サプライヤーがリース契約の仕組みをよく理解していないために、「リースはいつでも解約できます」などとエンドユーザーに勧めるケースが時々あります。もちろん契約書にはそんなことは書いていませんが、契約内容に誤解があると、ユーザーも営業担当者も後味が悪いことになります。こうした可能性も織り込んだ上で、トラブルが発生しそうな項目については、契約時に特に丁寧に説明するようアドバイスをします。

リース料の支払いを巡るトラブルも法務部の出番です。会社によっては、債権管理部など、債券回収部門が担当します。リース物件の差し押さえや訴訟をはじめ、どのような対応をすればいいのか、指示を出します。法務部の強みは、法律と社内事情の両方を知っていることです。社内ルールやリースというビジネスの特質を知っているため、トラブルの原因や適格な落としどころがわかります。同じトラブルが起こらないように、社内での告知も行います。法務部には、弁護士資格を持つ社員がいたり、契約弁護士がいたりする場合があります。

コンプライアンス
企業が社会規範などに反することなく業務すること。日本語で「法令遵守」。

差し押さえ
支払いを滞納した人や企業に対して、財産の勝手な処分を禁じて、強制的に確保すること。

▶ リース会社の法務の仕事は大きく3つ

契約支援 コンプライアンス 裁判

リース契約における助言など

社会モラルに反していないかのチェックと仕組み作り

訴訟問題などが生じた時の対応

法務部

法律周りのことならおまかせ!

契約、コンプライアンス、訴訟など、法律に関わる業務は法務のプロである法務部の出番。多彩な事業が関連し、金融にも近いリース業では特に重要な職種の1つだ

▶ 法務部が活躍する2大トラブル

①リース契約に関するトラブル

いつでも解約できますよ

そうなんですね

サプライヤー　　　ユーザー

ファイナンス・リースは「中途解約できない」ことが基本事項。サプライヤーが知識不足から、間違った勧め方をするとトラブルに

②リース料に関するトラブル

リース料の支払いは?

もう少し待ってください

リース会社　　　ユーザー

長期に渡ることの多いリース料の支払い。ユーザーの経営状況によっては支払いが滞ることもままある。法務部(あるいは債権管理部)の出番だ

Chapter6
09

リース会社の仕事⑨
経営企画室

中期経営計画の立案、ビジョンの策定、それを実現させるための予算編成など、自社をどんな会社にしていくのか、会社の未来を決めるのが経営企画室です。IRや広報、秘書業務が経営企画室に含まれるケースもあります。

📍 企業が目指す方向への道案内

中期経営計画
経営計画には中期経営計画の他に単年度の経営計画と長期的な経営ビジョンがある。その中間にあるのが中期経営計画。

粗利
「あらり」と読む。粗利益の略語。売上から売上原価を引いたもの。

　経営企画室のもっとも重要な役割は、中期経営計画の立案でしょう。会社には30年後、50年後、あるいは100年後にどんな会社になりたいかといった目標があります。しかし、目標達成までの期間が長すぎると、どこから手をつけていいのかわかりません。そこで、計画を実行しやすいように、3年ごとの計画に落とし込むのです。これが中期経営計画です。

　リース会社であれば、まず銀行の金利低下をはじめ、リース業界をとりまく環境の分析を行います。そうした中で生き残るために、どのような会社を目指すべきなのかという基本方針が示されます。リース会社各社が掲げている「中小企業のよきパートナーになる」「金融と事業の融合」「リースの先へ」「社会価値創造企業」「金融×サービス×事業」などは、こうした中期経営計画のビジョンの一例です。

　そのためには「どんなビジネス戦略を立てればよいのか」「どのような体制で取り組めばよいのか」といった手段と、具体的な数値目標を掲げます。どんな数値目標をあげればよいかといった決まりはありません。「全体の粗利」「株主への配当」といった、様々な目標数値があります。

　中期経営計画は、3年をさらに1年ずつに分けて具体的に示されます。その上で各部門が何を行うのか、数値目標はどのくらいかなどを明確にすることで、実行しやすくしています。

　3年後には、計画の達成状況を見ながら、再び中期計画を作ります。無理な計画は削り、必要な計画を加えます。

　経営企画部は、このようなリース会社の“未来”を創る仕事に携わっているのです。

▶ 中期経営計画は経営企画室の最重要業務

社会の流れ

業界のトレンド

経済状況

各部署の現場の声

など

経営企画室

未来を見据えた方向性を!

3年後、会社をどのような状況に持っていきたいか。社会の流れや経済状況、自社の理念やリソースなども念頭に、経営計画を作り出す

中期経営計画

現状分析から、目標の設定を経て策定された経営計画。3年後を目安に、そこに至るまでの細かな数値目標などを記す

中期経営計画

1年目

2年目

3年目

リース会社の未来を創る!

リース会社の組織と協力体制

かつてリースといえばファイナンス・リースでしたが、現在は様々なオペレーティング・リースが登場しています。リースに新しい仕組みが次々と生まれる理由の１つに、各部門が協力しあう組織体制にあるようです。

社内の専門部署は身近な相談相手

　リース業界の１つの特色は、最終的なリース契約に至るまでに、たくさんの部門が関わることでしょう。例えば建設会社から、「油圧ショベルを調達したい」という相談がエリア営業の担当者に寄せられたとしましょう。担当者の建機に関する経験が浅ければ、まず建設会社の専門営業の担当者に相談します。専門家の意見を参考に、提案書や見積書などを作成します。

　営業担当者は、契約に向けて仕事を進めると同時に、審査部に意見を聞きます。審査部は建設会社の決算書や営業担当者からのヒアリングをもとに、契約の可否を判断します。審査部での審査が通ったら、次は契約です。契約書に不備があれば、時には裁判沙汰になるような問題に発展することもあるので、法務部に契約書のチェックを依頼します。問題がなければリース契約を結び、事務部門がサプライヤーにリース物件を発注します。それを受けて財務部が支払いを完了したら、リース物件がユーザーに届き、ユーザーが物件を確認した上で、リースのスタートです。

　営業担当者がユーザーから相談を受けてから、専門営業、審査、法務、事務、財務と５つの部門が関わっています。リースがスタートすれば、事務担当者はリース期間満了まで保険や税金の支払いを続けます。リースが満了になったら、ユーザーは再び営業担当と再リースか、終了かを話し合います。リースを終わらせるなら、中古の専門部隊に転売すべきか、廃棄すべきかを相談して引き渡します。リース会社によっては、各専門部署が一種の相談窓口を設けているケースもあります。そうした会社では、「リースを使ってこんなことはできないか？」といった相談を気軽にできるため、新サービスの開発につながりやすい体制となっています。

油圧ショベル
掘削用の建設機械。大きなショベルがついているのが特徴で、パワーショベル、ユンボなどの別名もある。

契約書
契約の条件を記載し、その契約が成立したことを証明する書類。

▶ 多くの部門がつながってリースが生まれる

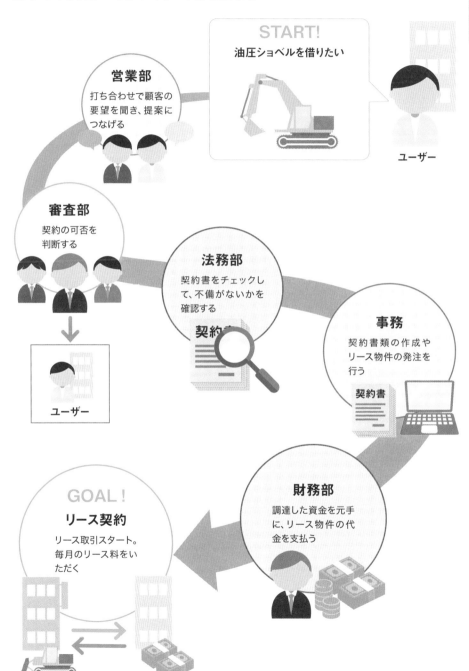

START!
油圧ショベルを借りたい

ユーザー

営業部
打ち合わせで顧客の要望を聞き、提案につなげる

審査部
契約の可否を判断する

ユーザー

法務部
契約書をチェックして、不備がないかを確認する

契約書

事務
契約書類の作成やリース物件の発注を行う

契約書

財務部
調達した資金を元手に、リース物件の代金を支払う

GOAL！
リース契約
リース取引スタート。毎月のリース料をいただく

就活と配属の間にあるギャップ

配属希望が通るとは限らない

業界研究・会社研究をすればするほど、企業の姿がくっきりとしてくるものです。さらに「こんな部署で、こんな仕事をしている自分」を想像できるようになれば、具体的な志望動機が出てくるでしょう。このようなシミュレーションを行い、面接でスムーズに話せるように練習しているうちに、頭の中で思い描いた社会人像が、入社後すぐに訪れる気がしてきます。内定をもらえれば、それは確信に変わるかもしれません。

しかし、会社の規模や業種にもよりますが、新卒入社の配属希望が通るとは限りません。大手ならばむしろ稀です。「専門知識が必要」「現場経験が必要」「配属される人員が少ない」などが典型的な理由でしょう。希望通りの配属ではなかったからと、転職を考える人もいますが、それは早計です。多くの場合、ローテーションによって、必要な知識を身に付けた段階で希望の部門に配属されるものだからです。また、定期的に異動の希望を出したり、上司に相談できる機会も用意されています。とはいえ、希望が叶ったからハッピーとは限りません。あるリース会社では、航空機リースの人気が圧倒的に高いそうですが、実際に配属されると、他の部署への異動願いを出す人が少なくないそうです。海外とのやりとりが多く、他の同期よりも忙しいからです。

異動を待つよりも仕事を「創る」ことを考える

リース業界は歴史も浅く、まだまだ進化を続けています。5章で述べたように、モノを貸し出すファイナンス・リースから、オペレーティング・リース、ESCOなどリース周りのビジネスも手掛けるようになりました。「あの部署に行きたい」ではなく、「自分の部署では新たにどんなビジネスが可能なのか」を考えると、視野が広がり、志望部門が変わったり、「どうしてもあの部署」という思い込みが消えることもあります。

第7章

リース業界地図

日本のリース会社には、具体的にどんな会社があり、どのような特徴を持っているのでしょうか。また業界は、今後も有望なのでしょうか。リース業界を取り巻く数字、ルーツによる強みの違い、そして先進的な企業の取り組みなどを紐解いていきます。

Chapter7 01

数字で見るリース業界

リース業界は、ユーザーが必要とする物件を購入して貸し出すというユニークなビジネスモデルで日本経済を支えてきました。まずは数字から、業界の全体像を大づかみしてみましょう。

資本金100億円以上の会社も18社ある

公益社団法人
公益事業を主な目的としている法人のこと。国や都道府県から公益認定申請を得ている。

リース取扱高
リース契約を締結し、実際にリースを実行した金額。契約実行高ともいう。

そもそも日本には、どれくらいの数のリース会社があるのでしょうか。リース会社の業界団体、**公益社団法人リース事業協会**には、正会員・賛助会員合わせて237社が所属（2019年7月）していることから、主なリース会社は二百数十社あると考えていいでしょう。

次に、リース会社の実績を表す数字を見てみましょう。わかりやすいのは「どれくらいのリース取引を実施したか」を表す**リース取扱高**です。リース事業協会の調査によれば、2018年度のリース取扱高は5兆129億円でした。最盛期の8兆8000億円に比べると、大きく減少しています。この取扱高の低迷が、どこのリース会社でも新たな成長のシーズ探しに熱心な理由といえるでしょう。

リース会社と一口に言っても、何でも扱う総合リース会社もあれば、トラックや自動車などの車両、医療機器、農機具など1つのジャンルに特化した専門リース会社も数多くあります。各社の企業規模はどうでしょうか。リース事業協会のメンバーの資本金を見てみると（2019年7月）、3,000万円未満のリース会社は28社、100億円以上の資本金を持つ会社は18社ありました。もっとも多いのは5,000万円以上1億円未満の企業で、50社でした。資金の調達力は、企業によってかなりの開きがありそうです。もちろんリース会社の良し悪しは、資本の多寡だけではありません。「専門知識が豊富」「きめ細かなニーズへの対応」「助成金や会計処理のアドバイス」など、規模が小さくても特定分野で強い競争力を持つリース会社はたくさんあります。

▶ 日本における主なリース会社の数は「二百数十社」

「公益社団法人リース事業協会」
正会員・賛助会員数（2019年7月）　→　**237社**

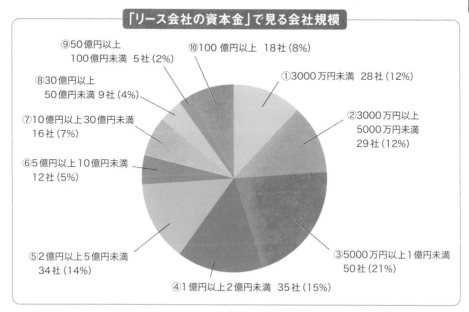

「リース会社の資本金」で見る会社規模

- ⑩100億円以上　18社（8%）
- ⑨50億円以上100億円未満　5社（2%）
- ⑧30億円以上50億円未満　9社（4%）
- ⑦10億円以上30億円未満　16社（7%）
- ⑥5億円以上10億円未満　12社（5%）
- ①3000万円未満　28社（12%）
- ②3000万円以上5000万円未満　29社（12%）
- ③5000万円以上1億円未満　50社（21%）
- ④1億円以上2億円未満　35社（15%）
- ⑤2億円以上5億円未満　34社（14%）

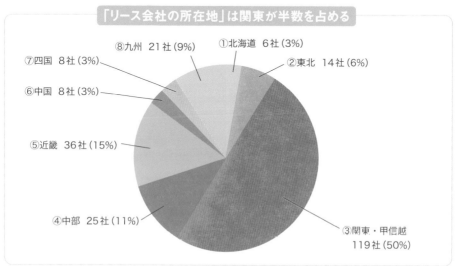

「リース会社の所在地」は関東が半数を占める

- ⑧九州　21社（9%）
- ⑦四国　8社（3%）
- ⑥中国　8社（3%）
- ⑤近畿　36社（15%）
- ④中部　25社（11%）
- ①北海道　6社（3%）
- ②東北　14社（6%）
- ③関東・甲信越　119社（50%）

※出典：2019年リース産業の現況調査／リース事業協会

Chapter7 02

民間設備投資に占める リース設備投資額の変化

日本のリース会社は、中小企業の設備投資をサポートするために誕生したため、リース設備投資額は民間企業の設備投資額の増減と連動していました。ところが2010年頃から、民間設備投資額の動向と連動しなくなったのです。

会計基準の改正によって崩れた相関関係

　日本のリースの歴史は、機械リースから始まりました。日本は高度経済成長期に突入し、大企業も中小企業も投資意欲は旺盛でした。ところが、金融機関の融資は大企業が優先で、中小企業にはなかなか資金が回りませんでした。そこでリース会社が登場し、中小企業が必要とする様々な製造機器をリース物件として貸したのです。

　そのため民間設備投資の増加と歩調を合わせるようにして、リース会社の取扱高もまた増加していきました。それにつれて早期の費用化、節税効果などのリースの利点も広く知られるようになり、大企業の利用も増えていきました。この時期、民間の設備投資額とリース会社の取扱高は相互に連動していたのです。

　バブル全盛の1991年には、リースの取扱高は8.8兆円に達しました。このペースで伸びれば「21世紀に入るとリース取扱高は12兆円ぐらいまで伸びるはず」とリース業界では期待されていました。ところがバブルが崩壊し、日本は長い低迷の期間を迎えます。民間設備投資も、リースの取扱高も低迷していきました。しかし、問題はその後です。2010年頃からようやく製造業も立ち直り、久しぶりに設備投資額が増えました。しかしリースの取扱高は、それに合わせて増えませんでした。リース取扱高と民間投資額が連動しなくなったのです。

　大きな原因は、第1章で紹介したように、リースの会計基準が改正されたことです。会計基準の改正によって大企業の場合はリース物件を資産に計上することになり、会計上のメリットが失われました。そこから、大企業のリース離れが始まったのです。さらに金利が下がったことも、リースのメリットを薄めました。

節税効果
経費を増やしたり、社員を増やしたりするなど、課税対象となる利益を減らして、税金を少なくすること。

▶ リース取扱高とリース設備投資額の民間投資額に占める比率

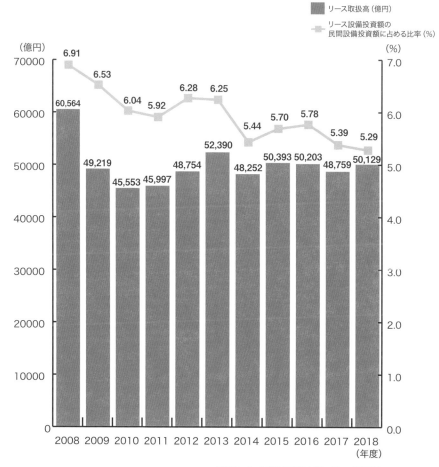

凡例：
- リース取扱高（億円）
- リース設備投資額の民間設備投資額に占める比率（%）

※出典：リース統計（2018年度）／リース事業協会

ONE POINT　会計基準の改正が「脱リース」「新規事業」を後押し

リースの会計基準が改正されてから、リース取扱高はぐっと下がりました。「リース離れ」はリース業界に危機感をつのらせる　方で、新たな一手の後押しになっているともいえます。この時期を機に、リース以外の新規事業を開拓したり、会社組織や社名を変えたりするリース会社が相次いだのです。各社の新たな生き残り策がリース業界の足腰を鍛え、未来への道筋を築きつつあります。

リース会社のルーツとは？

日本初のリース会社が誕生したのは、1963年です。翌年にはそれに追随してリース会社が続々と増え、ピーク時の1998年には377社に達していました。その多くは他業種からの参入で、そこから現在に至るルーツがあります。

商社、メーカー、金融機関が中心になって参入

　世界初のリース会社U.S.リーシングが設立されてから、わずか十数年後には、日本でリース会社の設立ラッシュが起こりました。リースビジネスが急速に日本に浸透した背景には、日本をリードする大手企業が続々と参入してきたことがあります。

　日本でリース会社を作るために、商社、金融機関、メーカーなどの担当者はまず、U.S.リーシング社を訪れました。

　その成果を受けて誕生したのが、1963年設立の日本リース・インターナショナル、1964年設立のオリエント・リース（現 オリックス）などです。例えばオリエント・リースは当時の日綿實業、日商、岩井産業、三和銀行などが出資して設立され、「鯨を捕りたかったら、捕鯨船をお貸しします」といったユニークなキャッチコピーで、リースを宣伝しました。その甲斐あって、設立わずか2期目で、黒字を達成しました。こうした動きに刺激を受けるようにリース会社が次々と誕生し、リース会社設立ラッシュが起こったのです。

　リース業界に参入した代表的な企業は、「メーカー」「商社」「金融機関」でした。そのためリース会社は、設立母体によって「メーカー系」「商社系」「金融系」「独立系」といった分け方をされていました。また三井系、三菱系といったグループで分ける方法もあります。もっとも、リース会計・税制の変更、リーマンショック、グローバル化に伴う製造業の海外移転などの影響で、90年代後半から2000年代にかけてリース業界の再編が始まり、こうした分け方は現実にそぐわなくなりました。本書では、わかりやすく整理するため、「メーカー系」「商社系」「金融系」の3種類について、それぞれの特徴を解説していきます。

リーマンショック
2008年9月15日、アメリカの投資銀行リーマン・ブラザーズホールディングスが経営破綻した結果、連動して発生した世界規模の金融危機のこと。

▶ リース会社のルーツは大きく4つある

メーカー系

商社系

金融系

独立系

ルーツが メーカー	ルーツが 商社	ルーツが 金融関係	ルーツを 持たない
メーカーの 子会社として 生まれるなどした リース会社	**商社の グループ企業 としての リース会社など**	**メガバンクなどが 株主となっている リース会社**	**メーカー、商社、 金融系などとの 関係が薄い リース会社**
・NECキャピタルソ リューション ・日立キャピタル ・富士通リース ・三菱電機クレジット ・リコーリース 　　　　　など	・三井住友ファイナ ンス＆リース ・三菱UFJリース ・JA三井リース 　　　　　など	・芙蓉総合リース ・みずほリース ・三井住友ファイナ ンス＆リース ・三菱UFJリース 　　　　　など	・オリックス ・日本教育情報機器 ・日本包装リース 　　　　　など

とはいえ……

最近はリース会社の再編が進み、資本関係が複雑になったこともあり、 「○○系」とは一概にいいづらい状況になっている

メーカー系

✕

金融系

✕

商社系

= ?

メーカーをルーツとする
リース会社

顧客企業に代わってお金を立て替えるリースというビジネスモデルは、サプライヤーとなるメーカーにとって優れた販促手段です。購入のハードルを下げるため、多様なメーカーがリース会社を設立しました。

自社製品を売るためリース業界に参入

メーカー
日本語で「製造業」。材料を加工したり、部品を組み立てることで製品を生産する企業、産業のこと。

リース会社のルーツとしてよく知られているのが、**メーカー系**のリースです。理由はメーカーにとって、リースが極めて優れた販売促進手段だったからです。

メーカーにとって、もっとも悔しいのは、自社製品を買いたいという目の前のお客さんが「資金が足りなくて買えない」と、購入するのをあきらめてしまうことでしょう。設備投資の需要が旺盛だった高度経済成長期には、多くのメーカーがこうした悔しい思いをしたはずです。そんな時に登場したリースは、こうした状況の救世主となりました。リースは、買いたくても買えないお客さんのために、購入資金を調達するビジネスだからです。

日本リース・インターナショナルなどの先行企業に影響を受け、多くのメーカーが、こぞってリース会社を設立しました。「欲しいけれど買えない」という見込み客に資金調達の相談をされたら、子会社でのリース利用を勧めるわけです。人気の高い製品を作っているメーカーであれば、大勢のユーザーが利用するので、グループ内にリース会社を設立しました。

もちろんメーカーは、何が何でもリースを使わせたいわけではありません。顧客の選択肢は多いに越したことはないので、リース会社の多くは**割賦販売**のサービスも手掛けていました。

割賦販売
代金を分割して受け取る販売方法のこと。

合併や事業内容の変化などによって、現在はリースのスタイルも変わりました。しかし、日立キャピタル、リコーリース、NECキャピタルソリューション、富士通リース、三菱電機クレジット、三井住友トラスト・パナソニックファイナンスをはじめ、社名にメーカーの名を残し、「メーカー系リース」だった名残りをとどめている会社は少なくありません。

▶ メーカーの販促手段としてのリース取引

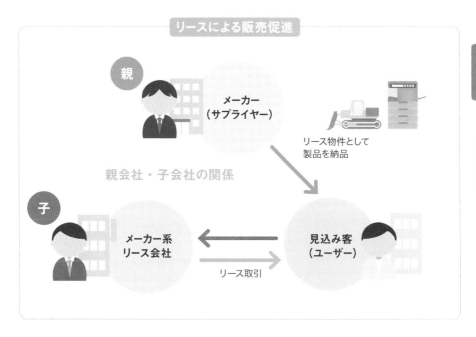

リースによる販売促進

親

メーカー
（サプライヤー）

リース物件として
製品を納品

親会社・子会社の関係

子

メーカー系
リース会社

見込み客
（ユーザー）

リース取引

メーカーにルーツを持つリース会社

NEC キャピタル ソリューション	設立：1978年／資本金：37億7688万円 主要株主は日本電気、三井住友ファイナンス＆リース	**NEC** NECキャピタルソリューション株式会社
日立キャピタル	設立：1960年／資本金：99億8300万円 主要株主は日立製作所、 三菱UFJフィナンシャル・グループも	日立キャピタル **HITACHI**
富士通リース	設立：1978年／資本金10億円 主要株主は富士通など	FUJITSU 富士通リース
三菱電機 クレジット	設立：1970年／資本金10億1000万円 主要株主は三菱電機、三菱UFJリース	MITSUBISHI ELECTRIC Changes for the Better 三菱電機クレジット株式会社
リコーリース	設立：1976年／資本金78億9686万円 主要株主はリコー	リコーリース株式会社

など

Chapter7 05

金融機関をルーツとする リース会社

銀行は、企業に簡単には融資できません。融資に使うお金は、預金という形で預かっているお金なので、リスクを取れないからです。そこで金融機関は、リース会社を設立して経営をサポートするようになりました。

リース会社を持つことでアドバイスの選択肢を増やす

地方銀行
地域の中小企業や個人を中心に展開する普通銀行。地方銀行と第二地方銀行がある。地方銀行は最初から普通銀行。第二地方銀行の大半は相互銀行からの転換組。

メインバンク
企業がもっとも多く取引をしている銀行のこと。「メインにつきあっている銀行」という意味。

　都市銀行、**地方銀行**、信用金庫をはじめとする金融機関は、ほとんどすべてと言ってよいほど、リース会社を設立しています。中には、生命保険会社がリース会社を設立したケースもあります。

　メインバンクに代表されるように、金融機関と企業は密度の濃い付き合いをしています。金融機関は企業の借入、資金繰り、売上、新製品の売れ行き、人事をはじめ、取引先企業のことをよく知っています。時には、金融機関から社員が出向することもあります。しかし、どれだけ取引先企業のことをよく知っていても、また成長が期待できても、担保を出すなど融資の基準を満たしていない限り、お金は貸せません。融資の条件が、銀行法で厳しく制限されているからです。その理由は、銀行が融資に使うお金は、必ず利子をつけて返すと約束している預金だからです。

　だからといって融資をむげに断れば、企業の成長の芽を摘んでしまいます。「どうすれば問題を解決できるのか」を考えることも金融機関の仕事なので、提案できるカードが多いに越したことはありません。クレジット会社、ファクタリング会社、コンサルティング会社など金融関連の子会社などを設立するのはそのためです。そうした選択肢の１つとして、金融機関はリース会社を設立しているのです。　金融機関は、顧客基盤、審査のノウハウ、さらに資金力もあることから、資金調達力のあるリース会社を作れます。金融機関単体で作ることもあれば、メーカーや商社など異業種と共同で設立することもあります。昨今は、金融機関の再編成とともにリース会社も再編が進んでいます。その結果、みずほフィナンシャルグループのように、グループ内にリース会社がいくつもあるといった事態も生まれています。

▶ 金融機関は支援の選択肢の1つとしてリースを提案

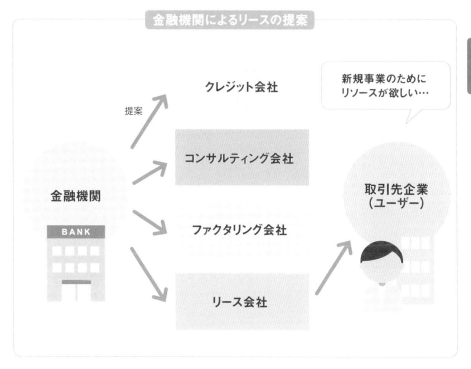

金融機関によるリースの提案

クレジット会社

提案

コンサルティング会社

金融機関

BANK

ファクタリング会社

リース会社

新規事業のために
リソースが欲しい…

取引先企業
（ユーザー）

金融機関にルーツを持つリース会社

芙蓉総合リース	設立：1969年／資本金：105億3200万円 主要株主はヒューリック、明治安田生命	FUYO LEASE
みずほリース	設立：1969年／資本金：260億8803万円 主要株主はみずほ銀行	MIZUHO みずほリース
三井住友 ファイナンス&リース	設立：1963年／資本金150億円 主要株主は三井住友フィナンシャルグループ、 住友商事	SMFL／未来を考え、今に挑む。
三菱UFJリース	設立：1971年／資本金331億9600万円 主要株主は三菱商事、三菱UFJフィナンシャル・ グループ など	 三菱UFJリース

など

商社などをルーツとするリース会社

リース会社を作ったのは、メーカーと金融機関だけではありません。商社も、リース業界を育ててきた重要なメンバーです。その他、独立系といわれるリース会社もあります。

商社金融のラインナップの1つ

リースは、商社とも親和性が高いビジネスです。多くの商社が、リース業界に参入しました。リースと商社の親和性が高い理由は、商社がそもそも金融機能を担っているからです。ただし「商社金融」という言葉があるように、銀行などと機能は異なります。

例えばメーカーAと小売店Bがあったとします。小売店Bの支払いは手形で、支払われるのが10ヶ月後だったとします。メーカーAは小売店Bとの取引を望んでいても、支払いがそんなに先では資金繰りが悪化するため、取引は難しくなります。一方、小売店Bも支払いを早くすると資金繰りが苦しくなるので、早い支払いには応じられません。このような時に商社が間に入り、メーカーAに早く支払います。つまり小売店Bの買掛金を立て替えるわけです。このように商社は、資金繰りが苦しい中小企業の取引をサポートしてきました。この他にも、債務保証、融資、プロジェクト・ファイナンスをはじめ、取引先をサポートする多様な金融機能を持っています。リースもこうしたラインナップの1つとして考えられてきたのです。現在はリース会社の統廃合が進み、社名や出資比率なども変わりましたが、いまだ商社が関係しているリース会社は数多くあります。三井住友ファイナンス＆リースは住友商事、三菱UFJリースは三菱商事、JA三井リースは三井物産といった具合です。

独立系と呼ばれるリース会社もあります。多様な企業の出資を受けていますが、どこのグループにも属していないリース会社です。最大手のオリックス、電機メーカーなどが共同で出資した日本教育情報機器株式会社、日本包装機械工業会の会員企業からの出資によって設立された日本包装リースなどがあげられます。

手形
一定の金額を支払うことを約束した有価証券のこと。一般的には「為替手形」「約束手形」のことを指す。

買掛金
仕入れに対して支払いがまだのお金。取引先に対する債務のこと。

▶ 商社金融の仕組みとは？

メーカー A　　　　　　　商社　　　　　　　小売店 B

吹き出し：
- 支払いの遅い会社とは取引したくない
- 買掛金を立て替えるから、売って!
- よい商品を仕入れたいが、支払いは後にしたい

商社にルーツを持つリース会社

三井住友ファイナンス&リース	設立：1963年／資本金150億円 主要株主は三井住友フィナンシャルグループ、住友商事	SMFL 未来を考え、今に挑む。
三菱UFJリース	設立：1971年／資本金331億9600万円 主要株主は三菱商事、三菱UFJフィナンシャル・グループ	三菱UFJリース
JA三井リース	設立：2008年／資本金320億円 主要株主は農林中央金庫、三井物産	JA三井リース

など

独立系と呼ばれるリース会社

オリックス	設立：1964年／資本金2兆9620億7300万円 主要株主は日本トラスティ・サービス信託銀行、 日本マスタートラスト信託銀行	ORIX
日本教育情報機器	設立：1992年／資本金11億8000万円 主要株主は東芝、日本電気 など	ECS 日本教育情報機器株式会社
日本包装リース	設立：1974年／資本金5億1200万円 主要株主は包装機器メーカー74社、 包装材料メーカー21社	JPL 株式会社 日本包装リース

など

「やめる」のではなく「進化する」こと

脱リースの動きと本当の狙い

リース会計基準の変更とともに、大企業にとってリースを利用するメリットは薄れつつあります。そこでリース各社は、リースの新しい魅力作りに着手するようになりました。その動きを、「脱リース」と呼ぶ人もいます。

サービスの範囲をリース周辺に広げる

ライフサイクル
生まれてから死に至るまでの人生の周期のこと。経営の世界では商品やサービス、ビジネスモデルや企業の「導入期→成長期→成熟期→衰退期」の4段階で表されることが多い。

日本にリースが上陸してから、60年弱の月日が流れています。あらゆる産業に**ライフサイクル**があるように、リース業界も時代と合わなくなってくる部分が出てくるのは当然でしょう。リースの活用方法を時代に合わせて変化させる、「脱リース」の動きが活発になってきたようです。

中には、社名からリースを外した会社もあります。もっとも脱リースといっても、リース事業をやめるわけではありません。どの会社もリース事業には、これまで以上に力を入れそうです。リース事業を手掛けることで様々なノウハウが蓄積され、またビジネスチャンスの発見にもつながるからです。

例えば、これから伸びることが期待されるのはフィンティック業界ですが、金融のノウハウが豊富なリース会社は、パートナーとして引く手あまたです。また、現在はロボットやAI、自動運転車をはじめとする新技術が次々と登場していますが、まだまだ高額です。こうしたものをレンタルで広めたいといった需要もリース会社に持ち込まれます。またファイナンスの知識、モノを見分ける力を武器に、地域創生のプロジェクトなどを手掛けることもあります。

顧客基盤
自社の製品やサービスを長期的に利用している顧客。自社に対して信頼感があるので、新製品や新サービスも優先的に検討してくれる。

このようにリース会社には、**顧客基盤**を対象にしたビジネス、付加価値をつけたオペレーティング・リース、プロジェクト・ファイナンスのとりまとめ、輸出支援など、様々なチャンスが取り巻いています。脱リースとは、リース事業をやめることではなく、こうしたリース周辺のビジネスをフォローしていくことを指すのです。

▶ 変化しつつあるリースの役割

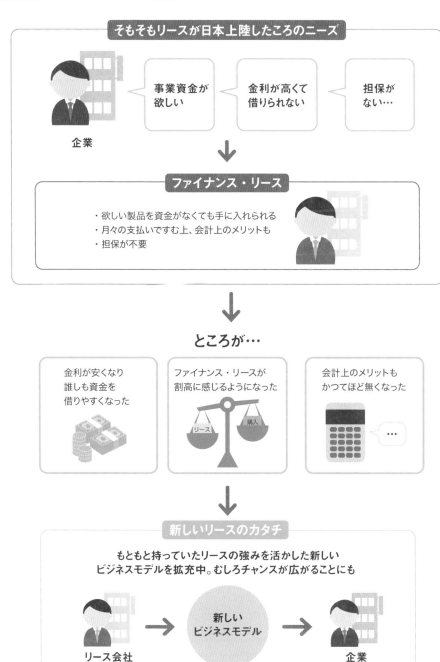

そもそもリースが日本上陸したころのニーズ

企業

事業資金が欲しい

金利が高くて借りられない

担保がない…

ファイナンス・リース

・欲しい製品を資金がなくても手に入れられる
・月々の支払いですむ上、会計上のメリットも
・担保が不要

ところが…

金利が安くなり誰しも資金を借りやすくなった

ファイナンス・リースが割高に感じるようになった

会計上のメリットもかつてほど無くなった

新しいリースのカタチ

もともと持っていたリースの強みを活かした新しいビジネスモデルを拡充中。むしろチャンスが広がることにも

リース会社　→　新しいビジネスモデル　→　企業

Chapter7 08

オリックスの金融関連事業は2割だけ

脱リースがもっとも進んでいる企業の1つは、オリックスでしょう。早い段階から事業の多角化を進めてきたため、今ではリースを含むファイナンス関連事業の収益がグループ全体に占める割合は、2割以下にすぎません。

📍 新しい事業は新しい会社で展開

事業の多角化
本業とは違う事業を展開していくこと。本業と関連がある分野、関連がない分野など、様々な多角化がある。事業の安定化、さらなる成長など、目的も様々。

　保険会社、銀行、不動産会社をはじめ、オリックスは**事業の多角化**を積極的に推し進めてきました。多角化のきっかけは、リースラッシュといわれるほど参入者が増え、競争が激しくなったことです。リース料の競争が始まれば、儲けは減ります。そこで「何か新しい収益分野はないか」と模索しているうちに、手掛ける事業が増えていったのです。

　ただし、まったく馴染みのない事業に進出したわけではありません。まずはリース事業で培った「モノを取り扱う専門性」と「与信審査およびファイナンス能力」の2つの方向で隣りの分野に進み、それがうまくいくと、またその隣りの分野へ進む「隣地戦略」を続けてきたのです。

　隣りの分野に進出する際、新しい人材やノウハウが必要ならば、専門の部門や会社を作り、そこが担当するという方針です。例えば機械のリースから自動車のリースといった具合に隣りの分野に進む際には、同じリース事業でも、新しい機能や知識が必要です。そこで別会社のオリエント・オートリース（現：オリックス自動車）を設立。別会社にすることで、従来のやり方に縛られることなくスピーディに事業を展開できるようにしました。その結果、数多くのグループ会社が設立されたのです。

コンセッション事業
空港や道路などの公共施設の運営を民間業者が手掛ける事業のこと。施設の所有権は自治体がそのまま持つ。

　事業領域が増え、海外展開も行うようになった結果、次第に「オリエント・リース」という社名が、実態にそぐわなくなってきました。またグループ会社同士の結びつきを強めるために、1989年「オリックス」に社名を変更しました。

　リース事業は続けつつ**コンセッション事業**などを始め、新たな「隣地」が生まれています。

▶ オリックスの事業における金融関連の割合は2割以下

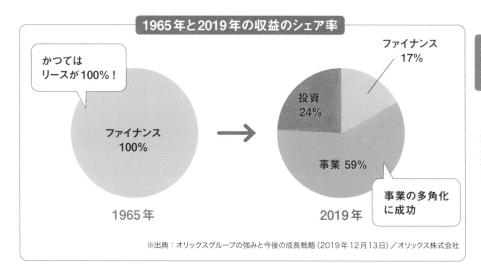

1965年と2019年の収益のシェア率

かつては
リースが100%！

ファイナンス
100%

1965年

ファイナンス
17%

投資
24%

事業 59%

事業の多角化
に成功

2019年

※出典：オリックスグループの強みと今後の成長戦略（2019年12月13日）／オリックス株式会社

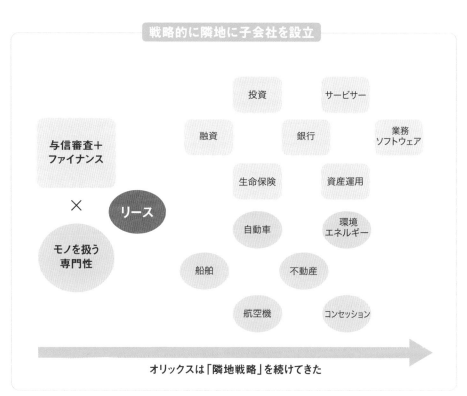

戦略的に隣地に子会社を設立

与信審査＋
ファイナンス

×

リース

モノを扱う
専門性

投資　　　サービサー

融資　　　銀行　　　業務
ソフトウェア

生命保険　資産運用

自動車　　環境
エネルギー

船舶　　不動産

航空機　コンセッション

オリックスは「隣地戦略」を続けてきた

地方創生のニーズにもフィットした

地方銀行による
リース事業の可能性

ほとんどの地方銀行は、子会社などにリース会社を持っていますが、さまざまな規制があり、必ずしも両社の連携はうまくいっていませんでした。しかし銀行法の改正で、銀行がリース事業に関われる範囲が広がっています。

📍 可能になった銀行とリース会社の連携プレイ

　地方の中小企業にとって頼りになるのは、地方銀行や信用金庫といった地域密着型の金融機関です。地域の銀行は、その地域の事情を熟知し、多くの知見を蓄積しています。取引先を紹介したり、事業承継の道筋をつけたり、経営指導をしたりといった、様々なフォローが可能です。地域に根ざした企業に対して、最適なコンサルティングができるというわけです。

　このような金融機関の機能はリース事業と相性がよさそうですが、長い間、一緒に活動することはありませんでした。金融機関がリース会社を媒介することが銀行法で禁じられていたからです。しかし 2011 年に法律が改正されたことによって、規制は大幅に緩和されました。まず、銀行本体がリース事業を手掛けられるようになりました。もっとも、銀行本体がリース事業を手掛ける例はほとんどありません。リース物件の管理や廃棄処理など、ノウハウがない上に、手間がかかる業務が多いからです。

　伸びが期待できるのは、リース会社の媒介でしょう。金利が下がったため、融資よりも媒介で得られる手数料の方が儲かるようになりました。そのため、金融機関がリースの媒介に熱心になったのです。また中小企業などから投資の相談を受けた時、銀行融資と子会社のリースをセットにするという提案も広がっています。

　リースは、銀行員のためのドアノック商品としても活用されるようになりました。例えばAEDの取り付け、セキュリティ設備、勤怠管理システムなどをリースによって導入するよう、顧客に勧めるのです。地域の金融機関とリース会社がタッグを組むことで、地方のリース業界は活発化しています。地方創生の流れの中で、様々なリース事業が生まれそうです。

事業承継
会社の事業を後継者に引き継ぐこと。

媒介
他人の間に立って、契約を成立させること。ひらたくいえば「仲介」だが、商法などでは「媒介」となる。

ドアノック商品
比較的容易にはじめての取引につながる商品。メイン商材の取引のきっかけづくりになる。

AED
自動体外式除細動器。心肺停止に陥った人を電気ショックで正常に戻すための装置。

▶ 銀行融資とリースをセットで提案

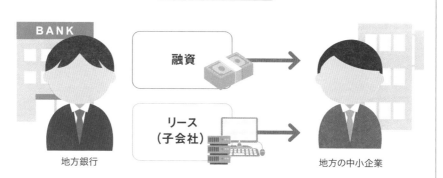

法律改正でOKに!

BANK

融資

リース
（子会社）

地方銀行　　　　　　　　　　　　　　　　　　地方の中小企業

地域密着型で融資などを手掛ける地方銀行は、地域の事業を熟知している。他業種の顧客との間に強いつながりをもち、信用も抜群に高い。リース事業をするには最適だったが、これまでは銀行法のしばりで許されなかった。それが2011年の法律改正で可能に。融資とリースをセットで提案できるようになった

ドアノック商品としてリースを提案

①リース物件で
最初の取引

リース

地方銀行　　　　中小企業

まずはリース取引

リース取引は地方の中小企業にとって魅力的。地方銀行にとっくは、リースをきっかけに新しい取引先を開拓できる

②銀行融資などに
つなげる

融資など

地方銀行　　　　中小企業

リース

そして融資へ

リース取引で信用を得て、また与信などもわかった上で、銀行融資への道が開けることも。互いにとってメリットが大きい

Chapter7
10

ユーザーに支持される
オートリース

オートリースの特徴は、専門会社が多いことでしょう。自動車メーカー各社、ガソリンスタンドなど、自動車関連企業が作ったリース会社に加え、総合リース会社がオートリース専門のリース会社を設立するケースもあります。

メンテナンス・リースの利用者が6割

　自動車を貸し出すオートリースは、独自の発展を遂げてきました。例えば、リースの利用者が一般的に法人であるのに対して、オートリースは個人客も対象にしています。またファイナンス・リースの基本は「中途解約ができない」ことですが、オートリースの中には、途中でリース物件を他の車に変更したり、解約したりできるものもたくさんあります。

　もっとも特徴的なのは、メンテナンス・サービスをつけられることでしょう。リースの原則では、リース期間中のメンテナンスの責任はユーザー側にあります。仮にリース期間中に物件を壊したら、修理して返却しなくてはなりません。リース会社がメンテナンスまで引き受けるケースは、ほとんどないといえます。ところが自動車業界だけは、リースにメンテナンスのオプションを用意することが標準サービスになっています。このようなサービスが可能なのは、自動車のメンテナンスに関わるデータをたくさん持っているからです。例えば車検や定期点検をはじめ、どのくらいの頻度で点検すべきか、過去のデータの蓄積に基づいた数値が法律で定められています。何万キロ走ればこのくらいのコストといった費用のデータも揃っています。だからメンテナンス・サービスの費用を推測できるのです。

　オートリースを利用すれば、車検、自動車税、保険など、自動車の所有にまつわる支払いに加え、メンテナンス・サービスの契約によって、保守、点検、修理など、車の維持にかかる費用をリース料に含められます。車検や税金の時期に跳ね上がる自動車関係の支払いを平準化できるわけです。こうしたメリットが、企業だけではなく、個人にも受け入れられた理由なのでしょう。

車検
車両検査のこと。道路運送車両法に基づいて、自動車の定期的な検査が法律で義務づけられている。

定期点検
自動車が安全に走れるように道路運送車両法 第48条（定期点検整備）で定められた点検。「12カ月点検」「24カ月点検」に加え、事業者は「3カ月点検」「6カ月点検」がある。

▶ オートリースのおおまかな仕組み

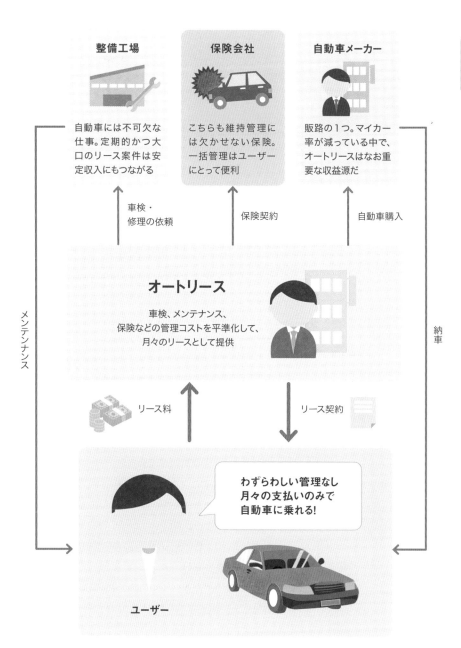

整備工場
自動車には不可欠な仕事。定期的かつ大口のリース案件は安定収入にもつながる

保険会社
こちらも維持管理には欠かせない保険。一括管理はユーザーにとって便利

自動車メーカー
販路の1つ。マイカー率が減っている中で、オートリースはなお重要な収益源だ

車検・修理の依頼　　　保険契約　　　自動車購入

メンテナンス

オートリース
車検、メンテナンス、保険などの管理コストを平準化して、月々のリースとして提供

納車

リース料　　　リース契約

わずらわしい管理なし月々の支払いのみで自動車に乗れる!

ユーザー

Chapter7
11

リース業界の再編成

リース取扱高は、ピーク時の8.8兆円から、2010年には4.6兆円にまで下がりました。市場が半分近くに縮小したのですから、これまで通りのやり方では生き残れません。リース業界の再編成が始まっています。

市場の縮小で過当競争が生まれる

現在、リース業界の合併や統合が続いています。そのきっかけは、リース業界の取扱高の減少です。リース業界では1960年代から1991年まで、**右肩上がりの成長**を続けてきました。1991年のリース取扱高は8.8兆円でした。また、この大市場をめがけて多様な企業が参入していました。最盛期には、300社近くのリース会社があったといわれています。

ところが、右肩上がりの成長はバブル崩壊とともに終わり、その後は7兆円前後と横ばいで推移していました。2006年には、リース会計基準の変更の原案が示され、大企業については、リースを利用するメリットの一部が失われることがわかりました。もはや、リース業界が再び大成長を遂げるのは難しいことは明確です。それどころか、リース取扱高は減少しているのですから、業界は過当競争状態にあるといえます。生き残りのためには、**経営効率を上げ**たり、新しい事業に進出することが必要です。そこで、業界の再編成が始まったのです。

会計基準の変更が発表された2007年には、ダイヤモンドリースと UFJ セントラルリースが合併して三菱ＵＦＪリースが誕生しました。また同年、三井住友銀リースと住商リースが合併して三井住友ファイナンス＆リースになりました。リーマンショックの影響でリース取扱高が急速に下がり始めた時にも、合併が加速しました。

リース事業協会の会員数は、2012年の250社から2019年には237社に減少しています。今後もまだまだ再編成が続くことが予想されています。

右肩上がりの成長
右に行くほど上がっていくグラフの形から、「伸び続けること」をいうようになった。

経営効率を上げる
IT化などへの投資、組織体制の見直し、取引先や事業の配分などを見直すことによって、利益率を上げていくこと。

▶ 時代の変化が、業界再編を余儀なくした

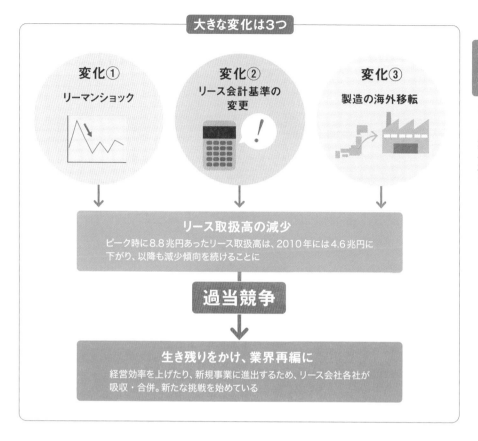

大きな変化は3つ

変化①
リーマンショック

変化②
リース会計基準の
変更

変化③
製造の海外移転

リース取扱高の減少
ピーク時に8.8兆円あったリース取扱高は、2010年には4.6兆円に
下がり、以降も減少傾向を続けることに

過当競争

生き残りをかけ、業界再編に
経営効率を上げたり、新規事業に進出するため、リース会社各社が
吸収・合併。新たな挑戦を始めている

再編によって生まれた新しいリース会社

| 2007年 | ダイヤモンド
リース | × | UFJ
セントラルリース | = | 三菱UFJリース
◎ 三菱UFJリース
MUFG |

| 2007年 | 三井住友銀
リース | × | 住商リース | = | 三井住友
ファイナンス&リース
SMFL ｜ 未来を考え、今に挑む。 |

銀行の再編とリース会社との関係

30年で半減した金融機関

リース業界は再編が進んでいます。この再編に影響を及ぼしてきたのが、多くのリース会社のルーツでもある銀行の再編でしょう。

まずは銀行等の再編を見てみましょう。都市銀行、地方銀行など、銀行の数は1980年代後半の164行から2018年には137行に減少しました。信用金庫や信用組合も含めれば、1100件前後で推移していたのが、559件まで減少したのです。

一方、都市銀行は、13行から5行に減少しました。都市銀行の多くが、巨大な資産を背景に世界で活躍するメガバンクになることを目指して合併したからです。住友銀行とさくら銀行（三井銀行、太陽神戸銀行）の合併で誕生した三井住友銀行、UFJ銀行（三和銀行、東海銀行）と三菱東京銀行（東京銀行、三菱銀行）が合併した三菱UFJ銀行、日本興業銀行、第一勧銀、富士銀行が合併して誕生したみずほ銀行の3行などです。

銀行にとってのリース会社の魅力

銀行の再編に合わせて、いくつかのリース会社の合併も行われました。2007年の東海銀行のセントラルリースと三菱グループのUFJダイヤモンドリースの合併、2001年の住銀リースとさくらリースの統合などは、その例でしょう。

一方で、他業種からの出資を受けたり、銀行と距離を置いて業績を上げてきたリース会社もあります。銀行の中には、そうしたリース会社を連結決算の対象にしようとする動きも出てきました。銀行にとっては、オペレーティング・リースはもちろん、ファイナンス・リースでも十分に利益は大きいからです。現在は地方銀行の再編が進行中なので、今後は地方の銀行系リース会社に影響が出るかもしれません。しばらくは、リース会社と銀行の攻防が続きそうです。

第 **8** 章

リースに関連する
法律・会計

ほとんどすべてのモノを扱い、金融サービスまで提供
するリース業界は、様々な法律が適用されます。この
章では、リース業界がどのように法律や規制の影響を
受けてきたのか、あるいは今後、受けることになるの
かについて解説します。

銀行法とリース

リース取引を対象にした、特別な法律はありません。公序良俗に反しない限り、基本的にどのような契約をしても構いません。ただし、銀行からの出資比率が一定の割合を超えると、銀行法の規制を受けます。

銀行からの出資比率で可能なビジネスが変わる

出資比率
株式会社を設立する場合、多額の資金が必要になった場合などに、投資家や取引先などが株券と引き換えに資金を援助することがある。その時の、全体の株に占める割合のこと。出資比率によって権利が変わる。

　「金融系リース会社」という言葉が使われるほど、多くのリース会社が、銀行からの出資を受けて設立されました。金融庁によると、銀行からの**出資比率**が５％を超えると、銀行法の規制を受けるそうです。銀行法とは「銀行経営の憲法」に相当する法律で、銀行の定義、業務の範囲などが細かく定められています。

　2007年に金融庁が出した「銀行の業務範囲規制のあり方について」のリース会社の項目を見ると、次のような規制が出ていました。それは、銀行法では、銀行子会社のリース会社は不動産事業、環境事業をはじめ、一般事業を手掛けられないということです。しかも、以前は許されている業務はファイナンス・リース業務のみで、オペレーティング・リース業務は禁じられていました。オペレーティング・リースが解禁になったのは、ようやく2002年になってからです。解禁になったといっても、総リース収入に占めるオペレーティング・リースの割合は「50％未満に限る」という制限が付いています。

　ファイナンス・リースの取扱高が減少に転じ、生き残りをかけて新しい分野に進出しなくてはならない時代に、銀行法の規制はネックになります。M&Aによって仮に収益力の高い企業を手に入れても、銀行法の規制によって、一部の業務をあきらめるケースも出ているそうです。

　それに対して、銀行からの出資比率が低いリース会社は、自由に新事業に進出しています。オペレーティング・リースを手掛けたり、フィンテックを手掛けたりして、増収増益を続けているところもあります。今後は自由な経営をするために、出資比率の見直しをする企業が出てくるかもしれません。

▶ 銀行からの出資比率によっては銀行法に縛られることも…

▶ リース業務における銀行法の規制とは？

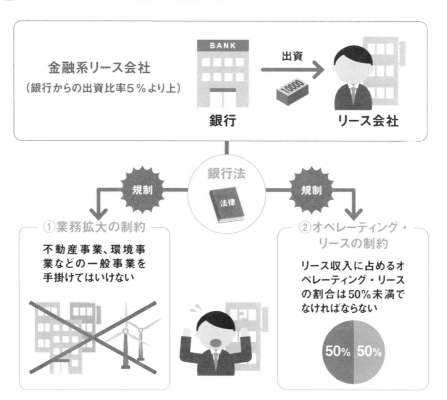

Chapter8 02

減価償却とリース期間

自動車は4年、農業用設備は7年、家具は11年といった具合に、何年にもわたって利用するものについては、法律で耐用年数が決められています。リース期間は、国が定めた法定耐用年数よりも短く設定することができます。

リースは法定耐用年数よりも短く設定できる

　購入した場合とリースを利用した場合の、もっとも大きな違いは減価償却でしょう。減価償却とは、企業会計の言葉で、企業が購入したものを費用として一度に会計処理せず、国が定めた法定耐用年数表にしたがって、数年に分けて費用にすることです。一度に費用として処理しない理由は、購入後何年にもわたって使用し、収益をあげることにも貢献するからです。そこで、税法で定めた法定耐用年数表に合わせて、数年かけて費用化するのです。

　減価償却の方法は2つあります。1つは、毎年決まった額を費用にしていく「定額法」です。仮に300万円の食料品製造業用設備を購入したら、法定耐用年数が10年なので、1年に30万円ずつ経費として処理します。それに対して「定率法」は、最初のうちは償却額が高く、償却期間の終わりに近づくにつれて低くなっていきます。現実の機械は、法定耐用年数の前半の方が後半よりも価値の下落が激しいので、定率法は、そんな現実を反映した償却方法です。いずれの償却方法も、最後には0円になります。

　リースの契約期間も、基本的には法定耐用年数表に合わせています。リース料は定額なので、毎年の支払額は定額法と変わらないでしょう。しかしリースならではのメリットは、リース期間を法定耐用年数よりも短く設定できることです。役立つのは技術革新が著しく、すぐに陳腐化してしまいそうなモノを導入したい時です。仮に予想したほど技術革新が進まず、リース物件をもう少し使いたい場合は、再リース契約すれば、安く使用を続けられます。逆に予想よりも早いスピードで進化している場合は、リース会社に要相談です。原則は中途解約禁止ですが、残金を違約金として支払えば、たいてい後継機種と入れ替えてくれます。

技術革新
産業構造が変わるほどの生産技術の革新のこと。

違約金
万が一、債務の不履行があった時、事前に支払うことを約束したお金のこと。

▶ 減価償却には2種類ある

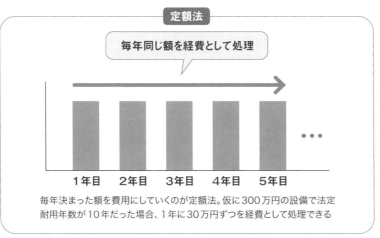

定額法

毎年同じ額を経費として処理

1年目　2年目　3年目　4年目　5年目

毎年決まった額を費用にしていくのが定額法。仮に300万円の設備で法定耐用年数が10年だった場合、1年に30万円ずつを経費として処理できる

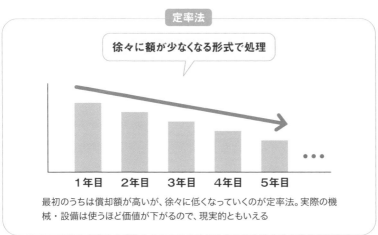

定率法

徐々に額が少なくなる形式で処理

1年目　2年目　3年目　4年目　5年目

最初のうちは償却額が高いが、徐々に低くなっていくのが定率法。実際の機械・設備は使うほど価値が下がるので、現実的ともいえる

▶ リース取引は「定額法」がスタンダード

リース料は定額での支払いが基本なので、減価償却もまた定額法になる。リースのメリットは、法定耐用年数よりも短い設定ができること。陳腐化が早いデジタル機器などで力を発揮する

毎年のように進化!

定額法

Chapter8
03

オンバランスとオフバランス

リース会計でよく登場する言葉が、「オンバランス」と「オフバランス」です。
リース会計基準の変更で、ファイナンス・リースはオンバランス会計処理が
必要になったといわれています。いったいどういう意味なのでしょうか。

📍 大企業はオンバランス、中小企業はオフバランス

資産
会計用語で、会社が
持っている財産のこ
と。現金はもちろん、
土地や建物なども含
む。

「オンバランス」とは、バランスシート、つまり貸借対照表に
計上（オン）することです。「オフバランス」は、その名の通り
バランスシートに計上しない（オフ）ことです。バランスシート
は、左側が「資産」、右側が「資本と負債の合計」に分かれてい
ます。左側は「借方」、右側は「貸方」という名前で呼ばれます。
ファイナンス・リースの場合、リース物件は資産なので、オンバ
ランスの会計処理をする場合は、借方に「リース資産」と書き込
みます。貸方には、リース資産に対応する項目が必要です。リー
ス資産は、実質的には分割で購入しているのと同じです。つまり
借金なので、貸方には「リース債務」と書き込みます。

リース物件を資産として計上すると、リース資産の減価償却の
作業が必要になります。そのため「リース物件のオンバランス化
は面倒だ」と評判が悪いのです。加えてリース資産に対応してリ
ース債務、つまり借金が増えたことになります。貸借対照表の見
た目が悪くなり、**株価が下がる**と心配する企業もあります。

株価が下がる
株価が下がると買収
されやすくなったり、
資金を集めにくくな
るなど様々なデメ
リットがある。業績不
振、不祥事、環境変
化などが株価に影響
する。

それに対してオフバランスはどうでしょうか。貸借対照表に計
上しないので、面倒な手続きはありません。毎月支払うリース料
は費用として処理するため、減価償却の面倒な計算も不要です。
そもそもは、この簡単さが企業がリースを利用する魅力の1つで
した。それが2007年に法律が改正され、2008年から大企業につ
いてはオンバランス化が義務付けられたのです。中小企業につい
ては、従来通りオフバランス化が認められています。大企業につ
いても「少額資産のリース取引」「リース期間が1年以内」「リー
ス契約1件あたりのリース料総額が300万円以下」といった条件
を満たせば、例外としてオフバランス化が認められます。

▶ バランスシートの基本的な構造

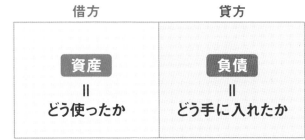

▶ かつてのファイナンス・リースのバランスシート

リースに関しては記載なし。つまり「オフバランス」でよかった

▶ 2008年以降のファイナンス・リースのバランスシート

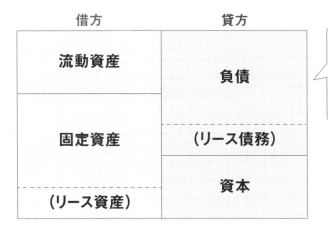

オンバランス化が義務付けられて、借方に「リース資産」、貸方に「リース債務」が必要に

4種類ある会計基準

会計基準は、財務諸表などを作成する際のルールです。日本では国際会計基準（IFRS）、米国会計基準、日本基準、さらに2016年からは、日本基準と国際会計基準の中間に相当するJMIS（修正国際基準）が誕生しました。

日本基準はグローバル時代には通用しない？

　会計基準は、他社との間で経営状況を比較するための大切なルールです。それにも関わらず、日本ではなぜ4つの基準が併存しているのでしょうか？　それは、グローバル化とともに、日本企業（大企業）が使っていた日本独自の「日本会計基準」が通用しない局面が増えてきたからです。

　海外企業と取引する時や、海外の投資家を呼び込もうとした時、あるいは海外に進出しようとした時などがその典型です。こうした事例が増えたため、各国でのスタンダードなルール、例えばEUで一般的に使われている「IFRS（国際会計基準）」や、アメリカで使われている「米国会計基準」が認められるようになったのです。もっともIFRS（国際会計基準）や米国会計基準を採用すれば、今度は国内企業との比較が難しくなります。そのため、複数の会計基準で**決算書**を公表している企業も珍しくありません。

　会計基準は、それぞれの国の商取引の文化を引き継ぎながら発展してきました。それをいきなり変更しようとすれば、どこかに支障が出てきます。そこで最近は、これまでの伝統的な会計制度に、国際標準で不可欠な要素を付け加えていく、といった改革が主流になっています。日本でも、**企業会計基準委員会**（ASBJ）によって日本基準と国際会計基準の中間にあたる「JMIS（修正国際基準）」が作られました。

　リースに対する考え方も、日本と海外では異なります。IFRSと米国会計基準では、オペレーティング・リースもファイナンス・リースと同様、資産に計上することが決まりました。日本はグローバルな流れに追随するべきでしょうか。それとも日本流を続けていくべきでしょうか。現在も様々な議論が出ています。

決算書
企業が一定期間の収益と費用を計算して、オープンにするための書類。

企業会計基準委員会
財団法人財務会計基準機構の中に設置された委員会。かつては金融庁の企業会計審議会が担当していた。

▶ 4つある会計基準

日本会計基準

日本オリジナルの会計基準。1949年に作られた「企業会計原則」をもとに作られている

OLD!

JMIS

日本会計基準とIFRSの中間に位置づけられる会計基準。2016年3月期末から使われるように

NEW!

オペレーティング・リースに関してはオフバランスが基本

流動資産	負債
固定資産	資本

オフバランス

※今後変わる可能性も

ファイナンス・リースのみならずオペレーティング・リースもオンバランスが必須に

流動資産	負債
固定資産	（リース債務）
（リース資産）	資本

オンバランス

IFRS（国際会計基準）

主にEUを中心に使われている国際的な会計基準。International Financial Reporting Standards

米国会計基準

アメリカで使われている会計基準。アメリカで上場している企業は、これに準じて財務諸表を提出する

ファイナンス・リースのみならずオペレーティング・リースもオンバランスが必須に

流動資産	負債
固定資産	（リース債務）
（リース資産）	資本

オンバランス

Chapter8 05

リースのオンバランス化が進む？

IFRS（国際会計基準）、米国会計基準ともに、オペレーティング・リースとファイナンス・リースの分類をやめ、どちらも資産計上することを決めました。日本の会計基準も追随するのか、各方面から注目が集まっています。

リースのオンバランス化で企業の資産は2％膨らむ

　IFRS（国際会計基準）は2019年1月から、米国会計基準は2018年12月から、従来のファイナンス・リースだけではなく、オペレーティング・リースもオンバランス化、つまり資産計上を義務付けるルールを導入しました。

　会計基準変更の狙いは、資産内容をガラス張りにすることです。会計のプロが見れば、オペレーティング・リースとファイナンス・リースの違いは紙一重にすぎません。ファイナンス・リースをオペレーティング・リースに書き換え、リース負債を少なくするといったことは簡単にできます。リース負債を少なくすれば、資産に対してどのくらいの利益を上げているかを示す**投資の指標**として使われるROAをよくして、株価を上げるといったことも可能です。このようなやりすぎがアメリカで横行したことが1つのきっかけとなり、透明性を高めるために、ファイナンス・リースとオペレーティング・リースを分けずに、すべて資産計上するということになったわけです。

　リース業界でも、「国際化の流れに沿ってオペレーティング・リースを資産に計上すべきだ」という意見もあれば、ファイナンス・リースが資産になっただけでも激しいリース離れが起こったことを例に、「反対だ」と主張する意見もあるようです。

　いずれにしても、オペレーティング・リースを資産計上することになれば、航空機や船舶といった巨大な物件が資産として計上されることになります。IFRS（国際会計基準）や米国会計基準を採用している日本企業の資産だけでも、8兆円の資産（＝リース負債）に達します。仮に、日本基準にも導入されれば17兆円、およそ2％の資産が増えると予想されています。

投資の指標
収益性、安全性、効率性をはじめ、会社の実力などを示す指標は100以上ある。それらをもとに、現在の株価が割高なのか割安なのかを判断する。

▶ リース会計基準の変更理由は「不正防止」

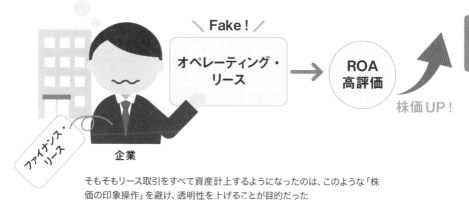

> ごまかしてリース負債を隠してしまえ…

\ Fake! /

オペレーティング・リース → **ROA 高評価**

株価UP！

ファイナンス・リース

企業

そもそもリース取引をすべて資産計上するようになったのは、このような「株価の印象操作」を避け、透明性を上げることが目的だった

▶ 日本国内の意見は、2つに分かれている…

> グローバル化の流れに乗るべき！
> 海外での事業も進めやすくなる

賛成派

海外との取引が増え、出資なども増える中で、国際的な基準に従うことは当然という考え方

> ROAが下がってしまう……
> それは避けたい

反対派

リース

多くの企業に苦い経験が残っている。場合によっては多くの業界を苦境に立たせる…という不安が

175

Chapter8
06

リースに関連した その他の法律

リース取引そのものを細かく規定する法律が存在しないことは、すでにお伝えした通りです。しかし、多様な領域でリース取引を行うため、間接的に様々な法律が関連し、法務が発生してきます。

大きなポイントはリサイクル関連

リース契約に直接的な法律の規定はありませんが、リース契約に間接的に関連する法律がいくつかあります。中でももっとも重要なのは、環境関連法でしょう。リース契約が満了となった時、返還されたリース物件を処理するのは、リース会社の大切な仕事です。**排出事業者**となるリース会社は、環境基本法にひもづいて細かに制定された環境関連法制に従って、法的に適切な処理をしなければならないからです。

具体的には「産業廃棄物処理法」への対応です。企業活動で生まれるゴミである産業廃棄物を、排出事業者は責任をもって適切な方法で廃棄する義務があります。これを怠ると、最高3億円にもおよぶ極めて厳しい罰則もあります。その他にも、家電リサイクル法や自動車リサイクル法など、製品によって異なるリサイクル処理の法律も、しっかりと遵守する必要があるのです。

またオートリースなど、ユーザーが個人になる場合は、「消費者契約法」や「特定商取引法」などが関連してきます。消費者契約法は、詐欺などにあわないように消費者を守るための法律です。契約する事業者は、必ず契約内容を消費者にオープンに伝える義務があります。万が一、この時にウソがあったり、消費者に不利益を与えるような契約をしたりした場合、消費者契約法に基づいて、契約の取り消しが認められます。

特定商取引法も、消費者を守るために生まれた法律です。特徴的なのは、一定期間の**クーリング・オフ**を認めていることでしょう。個人消費者は企業と比べて弱い存在となるため、法的にしっかりと守られているのです。今後、個人向けリースが増えていくことを考えると、これらの法律の重要性もさらに高まりそうです。

排出事業者
事業活動に伴って生じた廃棄物を排出する事業者のこと。知事が許可をした産業廃棄物処理業者に委託しても、不法投棄などの最終責任は廃棄物を排出した事業者にある。

クーリング・オフ
一定期間、無条件で契約を解除できる仕組みのこと。

▶ リース会社と環境関連の法律

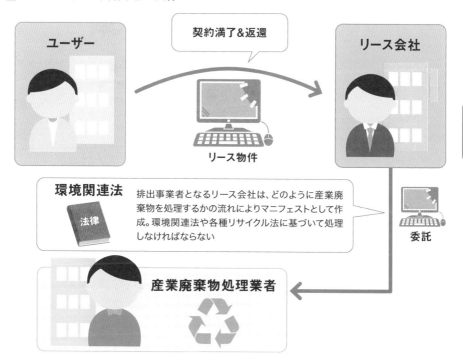

契約満了&返還

ユーザー

リース会社

リース物件

環境関連法

法律

排出事業者となるリース会社は、どのように産業廃棄物を処理するかの流れによりマニフェストとして作成。環境関連法や各種リサイクル法に基づいて処理しなければならない

委託

産業廃棄物処理業者

▶ リース契約するユーザーが個人の場合…

消費者契約法

リース契約にまつわる情報を消費者に開示する義務がある。不適切だった場合は、契約取り消しが認められる

ウソ

契約書

うーん…

リース会社　　ユーザー

特定商取引法

特定の消費者との取引（リース取引を含む）において、消費者を守るための法律。契約してから8日間ならば、クーリング・オフ制度が認められる

OK!

クーリング・オフ!

リース取引

リース会社　　ユーザー

リース会計基準は誰が作るのか？

企業会計基準委員会とは？

　本書で度々「リース会計基準」という言葉がでてきますが、そもそも、この基準は誰がどのように作っているのでしょうか？

　会計基準を作っているのは、「企業会計基準委員会（ASBJ＝Accounting Standards Board of Japan）」という委員会です。委員会には、公認会計士、上場企業の監査役、経理部長、アナリスト、大学教授など10数名のメンバーが所属しています。

　委員会の目的は、日本の会計基準の質を高めること、それから国際的に整合がとれたものにすることです。また、国際的な会計基準の質を高めることに貢献するといった役割も求められています。こうした目的があるからこそ、日本企業にとって一見不利に見える改正も、将来を見据えて積極的に行われるのでしょう。

金融庁から役割を引き継ぐ

　日本の会計基準は、かつては金融庁の企業会計審議会が策定していました。2001年に、その役割は企業会計基準委員会に引き継がれました。

　その理由は、会計士の国際的な団体「国際会計基準委員会（IASC）」が国際会計基準IFRSの取りまとめを行う「国際会計基準委員会財団（IASCF）」と会計基準を設定する「国際会計基準審議会（IASB）」に組織変更をした時に、「加盟国の基準設定主体は民間団体でなければならない」と決めたからです。

　そこで、日本は「財務会計基準機構（FASF）」を設立して、そこに「企業会計基準委員会（ASBJ）」を設置したのです。

　「企業会計基準委員会（ASBJ）」の第1回テーマ協議会は「リース取引の会計処理」でした。翌年には「リース会計専門委員会」が組織され、一連の改革につながったのです。

第9章

リース業界で求められる知識・スキル

リース会社で仕事をしていくためには、どのような知識やスキルが役立つのでしょうか。リース会社の社員は幅広い業務に携わり、その役割も多彩なため、想像以上に多くの知見が必要になります。今後、ますます必要になりそうな知識やスキルを中心に紹介します。

会計知識

企業経営の基本は数字なので、会計・財務系の仕事はすべての会社にあります。特に与信管理をしたり、プロジェクト・ファイナンスを立ち上げたりするリース業界には、会計・財務の知識を必要とする部門が数多くあります。

すべての部門、すべてのプロジェクトで必須の知識

　リース業界で強みを発揮するスキルの筆頭が、お金に関するスキル、会計の知識でしょう。そもそもリースが伸びてきた理由の1つにリース会計があったので、リース物件のバランスシートへの記載方法、減価償却のポイントといったリース会計の知識は、どの部門でも必須です。また会計全般の知識があれば、なおよいでしょう。IR担当者や広報であれば、会社の業績について株主に説明したり、マスコミの問い合わせに答えたりする局面が多々あります。また多くのリース会社が、プロジェクト・ファイナンスの取りまとめや新規事業の立ち上げに熱心です。こうした事業では、会計・財務の知識を持った人が重宝されます。新しい事業を立ち上げるには「資金計画に無理がないか」「もっと有利なファイナンスの方法はないか」「キャッシュフローはどうか？」などを、常に検討する必要があるからです。財務・会計系の知識があれば、プロジェクト・ファイナンスのメンバーなどに選ばれる可能性も高くなります。

　会計の知識がもっとも役立つのは、社内の財務会計部門でしょう。決算書をはじめとする財務関連の資料の作成に関わる、お金の専門部隊です。「経理部」と「財務部」に分かれているところもあれば、「総務部」に集約している企業もあります。経理の仕事は、いわば「日々のお金の流れを帳簿にまとめること」です。財務は「経理がまとめた資料をもとに予算編成を考えたり、資金調達をしたりすること」です。会計の仕事は、経理や財務がまとめた資料をもとに「経営者や取引先、株主に業績などを報告すること」です。社外のステークホルダー向けの会計を財務会計、経営計画の立案など社内向けの会計を管理会計といいます。

IR
Investor Relations の略。株主や投資家に対して、財務状況など投資の判断に必要な情報を提供すること。

財務会計
企業の経営成績や財政の状態を伝えるための会計のこと。

管理会計
経営の意思決定や業績改善などの施策を講じたりするための会計。任意で使用するものなので、作成の方法は会社によって違う。

▶ リース会社のあらゆる部門で活きる会計知識

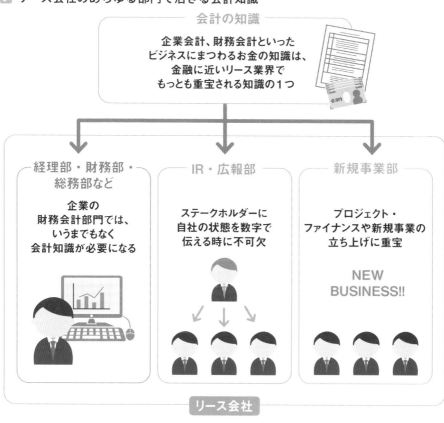

── 会計の知識 ──

企業会計、財務会計といった
ビジネスにまつわるお金の知識は、
金融に近いリース業界で
もっとも重宝される知識の1つ

経理部・財務部・総務部など

企業の
財務会計部門では、
いうまでもなく
会計知識が必要になる

IR・広報部

ステークホルダーに
自社の状態を数字で
伝える時に不可欠

新規事業部

プロジェクト・
ファイナンスや新規事業の
立ち上げに重宝

NEW
BUSINESS!!

リース会社

▶ 企業会計には大きく2つの種類がある

── 管理会計 ──

社内向けに、自社の経営状況を理解するための会計。自分たちの状況を正確に把握した上で、経営計画や新規事業などを考える

会計 → 社内

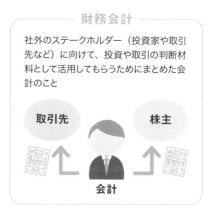

── 財務会計 ──

社外のステークホルダー（投資家や取引先など）に向けて、投資や取引の判断材料として活用してもらうためにまとめた会計のこと

取引先　株主

会計

Chapter9 02

税務知識

一口に「リース」といっても、すべてが税務上でリースとして扱われるわけではありません。リース契約を検討している企業に、リースの税務処理について教えられるくらいの知識があると、とても役立つでしょう。

リースにおける税務上のメリットを説明する

税務の知識も欠かせません。まず知っておきたいのは、税務上でリース取引と認められる条件は、フルペイアウト（解約不能）、つまり会計上のファイナンス・リース取引です。リース終了後にユーザーに売却する取り決めになっていたり、有利な価格で買い取る権利がついていたり、リース期間が法定耐用年数より著しく短かったりすると、リース税制のメリットは受けられません。

リースを利用する税務上のメリットは、早期の費用化でしょう。10万円を超すモノは、法定耐用年数に従って償却しますが、リースを利用すれば、それより早く費用化できます。技術進歩が早い製品などは、早く費用化できれば早く新製品に換えられます。リース期間を設定する場合、法定耐用年数が10年未満の資産の場合は法定耐用年数の70％までの期間、法定耐用年数が10年以上の資産の場合は60％までの期間にリース期間を短く設定することで、早期の費用化が可能です。

中小企業であれば、設備などをファイナンス・リースで調達すれば、毎月支払うリース料を全額損金処理できます。大企業であれば、リース期間として設定した期間において、リース期間定額法により計算した償却額を損金処理できます。例えば、法定耐用年数が7年の農業用設備をリースにより調達したケースでは、7年×70％で4年（端数切捨）、つまり4年から7年の間で自由にリース期間を決められます。そのメリットを受けられるのは、リース期間がリース物件の法定耐用年数よりも短いケースに限ります。もしリース期間を4年未満に設定すれば、リース税制が適用されなくなり、このケースでは法定耐用年数の7年で償却することになります。

損金処理
財務会計でいえば費用、一般用語でいえば経費。益金から損金を引いたものが所得になる。

大企業
法律や条例などによって細かな定義は変わるが、リース税制の場合は「資本金5億円以上または負債総額200億円以上の株式会社」のことを指す。

▶ リース税務における「大企業」とは？

次のいずれかの条件を満たす場合

❶ 金融商品取引法の適用を
受ける会社（上場会社等）
並びにその子会社および関連会社

❷ 会計監査人を設置する会社（※）
およびその子会社

会計監査人

※いわゆる大会社（資本金5億円以上または負債総額200億円以上の株式会社）

▶ リース期間がリース資産の法定耐用年数より短い場合、どんなメリットが？

❶ リース資産の
法定耐用年数が
10年未満なら

> リース期間がリース資産の法定耐用年数の
> 70%（端数切捨て）未満のもの

❷ リース資産の
法定耐用年数が
10年以上なら

> リース期間がリース資産の法定耐用年数の
> 60%（端数切捨て）未満のもの

例えば、法定耐用年数が
7年の農業用設備をリースにより
調達したなら…

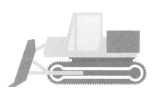

7年 × 70% ＝ 4年

つまり4年から7年の間で
自由にリース期間を決められる

183

Chapter9
03

法律知識

契約書を交わしたり、プロジェクトのスキームを作ったりする上で欠かせないのが法律の知識です。業務の中心がオペレーティング・リースに移行していくとともに、法律の知識はますます重要になってきました。

扱う分野の拡大により必要性が高まった法律の知識

自由な発想
常識、規制、社内事情などに妨げられない新しい発想でのリースビジネスが求められている。

地方創生
安倍内閣で使用された用語。各地域がそれぞれの特徴を活かした自律的で持続的な社会を創生すること。

　会計基準の変更とともに、大企業のリース離れが進み、ファイナンス・リースの取扱高は頭打ちになりました。そこで多くのリース会社は、自由な発想でビジネスを組み立てられるオペレーティング・リースに力を入れ始めています。日本企業の海外進出をサポートしたり、様々な企業とプロジェクトを組んで地方創生や環境・エネルギービジネスに取り組んだりと、取り組む事業は各社各様です。

　業界によって、また国によって、ビジネスの考え方だけでなく、関係する法律の内容は大きく異なります。オペレーティング・リースの担当者は「このスキームは法的に問題ないか」「相手が提案しているこの契約で不利益を被ることはないか」といったことを常に意識し、必要なタイミングで法務部のスタッフや弁護士に確認する必要があるのです。

　あるリース会社では、数十億円にのぼる海外船舶プロジェクトについては、営業担当者は契約を結ぶ前に、船舶専門の弁護士と一緒に英語で書かれた契約内容を1つひとつ確認していったといいます。　担当者が法律に詳しければ、例えばプロジェクトの節目節目のタイミングで法務部や弁護士などにチェックを頼めるので、あとから契約内容で揉めたり、進行が途中で止まるといったことを防ぐことができます。「法律に詳しい」といっても、弁護士のように専門知識を持つ必要はありません。仕事をしながら、「もしかしたらこの部分は法的な問題につながるかもしれない」と気付ける力があれば十分です。もちろん、法律の詳しい知識があるに越したことはありません。例えば法務部の経験があれば、リース会社への転職は有利になるでしょう。

▶ オペレーティング・リースが法務活躍の場を増やす

日本企業の海外進出サポート
もはや当たり前になった海外進出を、リースのノウハウを活用して支援する

地方創生事業
地域おこしや、地方発のベンチャーなどをリースの力を使って後方支援

盛り上がる
オペレーティング・リース

環境・エネルギービジネス
大規模な設備が必要になるため、オペレーティング・リースが適している

多彩な法律の知識が必要に
新たな事業領域や画期的なビジネスモデルなどにつながる
オペレーティング・リースが増えると、自ずと必要な法律も多くなる
それに伴い、リース業界における法律の重要性は高まる一方だ

▶「法的に問題ないか…」と気付くセンスを身につけること

CASE1
複雑、難解な契約内容を提示された時。あるいは契約書に独自の専門用語が多くあった時…

CASE2
各国の法律、条例はそれぞれ違うもの。海外との取引を進める時は、より慎重になる必要がある

→

法的にはどう?

法務部

もしかしたら問題がありそう。そんな時はすぐに法務部に尋ねるような心構えを持っておきたい

Chapter9
04

不動産知識

リース会社は、商業施設、物流倉庫、ホテル、オフィス、工場をはじめ、様々な施設の開発や運営に関わっています。手掛ける案件は、大規模になる一方です。いわゆる建物リースには、不動産に関する知識が欠かせません。

借地借家法の改正でビジネスチャンスが拡大

借地借家法
住宅や土地の貸し借りにまつわる貸主、借主の権利等を定めた法律。

定期借地権
当初定めた契約期間を過ぎると借地関係が終わり、その後の更新がなくなる制度。

「建物リース」あるいは「不動産リース」と呼ばれる分野が確立したきっかけは、1992年に借地借家法が改正されたことでした。この時、個人だけではなく、事業用にも定期借地権が認められるようになったのです。

定期借地権が認められれば、土地を貸しても建物を貸しても、契約期間が終われば確実に返してもらえます。法律が変わったことで、これまで居座られることを恐れて土地を貸さなかった地主が、土地を貸すようになりました。その結果、供給される土地が増えたので、それに伴い不動産リースを手掛けるリース会社も増えていったのです。

具体的に、リース会社が手掛ける不動産事業とはどのようなものなのでしょうか。典型的なのは「リース会社が事業用定期借地権で土地を借りて、そこにユーザーがリースで建物を建てる」というスキームです。また、オフィス等を借りるために家賃10か月分程度を保証金として寝かせておくのは無駄だと考える企業も増えてきました。その分、戦略的なことに資金を使った方がよいと考えるわけです。リース会社は、こうした企業にオフィス物件をリースで貸すのです。

最近では、大規模施設のプロジェクト・ファイナンスのまとめ役としてリース会社が活躍するケースも増えています。また借金の返済原資を家賃収入や不動産収入に限定するノンリコースローンの相談を受けることもあります。

不動産のスキームは、非常にたくさんあります。ユーザーの話を聞いて、それにぴったりとあった不動産のスキームを提案していくためには、不動産に関する知識や経験が不可欠です。

▶ 不動産リースの典型的な形

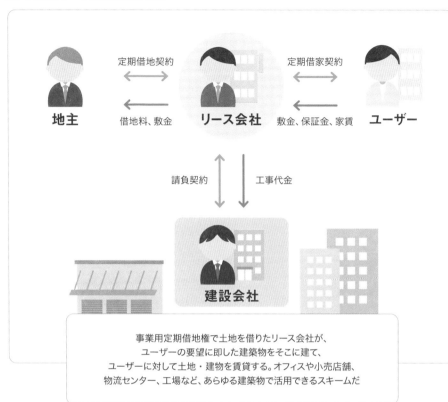

地主 ←定期借地契約→ リース会社

地主 ←借地料、敷金 リース会社

リース会社 ←定期借家契約→ ユーザー

リース会社 敷金、保証金、家賃→ ユーザー

請負契約　工事代金

建設会社

> 事業用定期借地権で土地を借りたリース会社が、
> ユーザーの要望に即した建築物をそこに建て、
> ユーザーに対して土地・建物を賃貸する。オフィスや小売店舗、
> 物流センター、工場など、あらゆる建築物で活用できるスキームだ

▶ ノンリコースローンの仕組み

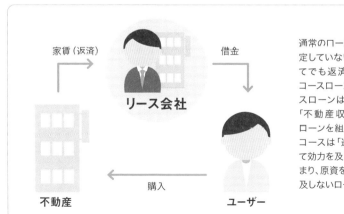

家賃（返済）　　借金

リース会社

不動産 ←購入 ユーザー

通常のローンは、返済の原資を限定していないため、全財産を使ってでも返済する必要がある（リコースローン）。しかしノンリコースローンは、返済原資を「家賃」「不動産収入」などに限定してローンを組み立てる。ちなみにリコースは「遡及する（さかのぼって効力を及ぼす）」という意味。つまり、原資を限定しているため「遡及しないローン」ということだ

ファイナンスの知識

ファイナンスとは、金融や資金調達のことを指します。金融機関からの借入、新株や社債の発行など、ファイナンスには様々な方法があります。初期投資を抑えられるリースやクレジットも、ファイナンスの1つです。

他業種のファイナンスを知ることで提案の幅が広がる

　ファイナンスの一角を担うリース会社の社員にとって、所属部署を問わずファイナンス全般の知識は必要不可欠といえるでしょう。ファイナンスは資金調達を意味しており、ファイナンスを業務にしている企業は「資金を必要としている企業」と「資金が余っている個人や企業」を結びつける橋渡しの役割を果たしています。ファイナンスに関わる業種には、リース会社のほかに銀行、信用金庫をはじめとする金融機関、証券会社、保険会社、クレジット会社などがあります。

　企業が資金調達を検討するのは、新規事業を始める時、既存事業を拡大する時、老朽化した工場やオフィスなどをリニューアルする時など、様々なケースがあります。どんな投資でも、少ない投資で大きな成果をあげることが鉄則です。それが利益率の増加、すなわち経営の効率化につながるからです。

　反対に、初期投資で多額の資金を使えば、不測の事態が起こった時に使える資金が限られるので、資金がショートして倒産といった事態に見舞われるリスクが高まります。そのため資金を必要としている企業は、少しでも有利な提案をしてくれるファイナンス会社を探すのです。

　リース会社に相談にやってくる企業は、このようにいろいろなファイナンス会社を比較し、検討しています。ファイナンス全般の知識があれば、「リースを選んだ場合のメリット」「今回はリースがあっているかどうか」「今回は銀行とリース会社がプロジェクトを組んだほうがいい」など、相手企業の状況に合わせた最適なファイナンスの手法、あるいはリース会社だけではできないスキームの提案を行うことができます。

信用金庫
地域に密着して、中小企業や勤労者に特化して金融関連事業を担う金融機関。

初期投資
起業したり、新しい事業を始めたりするためにかかる費用。

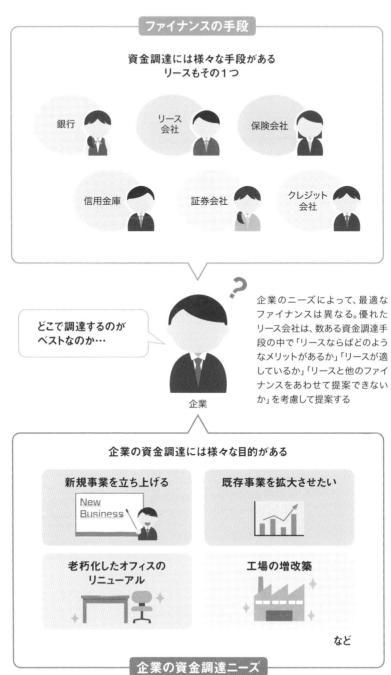

ファイナンスの手段

資金調達には様々な手段がある
リースもその１つ

銀行

リース会社

保険会社

信用金庫

証券会社

クレジット会社

企業

？

どこで調達するのがベストなのか…

企業のニーズによって、最適なファイナンスは異なる。優れたリース会社は、数ある資金調達手段の中で「リースならばどのようなメリットがあるか」「リースが適しているか」「リースと他のファイナンスをあわせて提案できないか」を考慮して提案する

企業の資金調達には様々な目的がある

新規事業を立ち上げる

New Business

既存事業を拡大させたい

老朽化したオフィスのリニューアル

工場の増改築

など

企業の資金調達ニーズ

Chapter9
06
コンサルティング・スキル

コンサルティングとは、相手の利益が最大になるよう助言する仕事です。このような業務が求められているのは、コンサルティング会社だけではありません。多様な選択肢があるリース会社にも求められるスキルなのです。

相手の話をよく聞くことからよいリースは始まる

コンサルティングのスキルも、リース会社の社員、特に営業社員に求められる能力の1つです。ユーザーの抱えている課題を、リースという手段を使ってどのように解決できるか。広範囲のモノやサービスを扱っているからこそ、幅広い選択肢の中から的確にリースの提案をすることが可能であり、不可欠だからです。

コンサルティングの仕事の第一歩は、相手の課題を明らかにすることです。そのためコンサルティング会社では、経営者だけではなく、役員、事業の責任者、中間管理職、一般社員など、様々な人からヒアリングを行います。立場によって、人によって、課題の受け止め方や原因に対する認識が異なるからです。課題をつかんだら、具体的な解決策を提示します。解決策については、助言で留まるケース、解決まで手伝うケースなど様々です。いずれにしても、重要なのは正確な課題を発見することです。

同様に、リースを検討しているユーザーが「何のためにリースの利用を考えているのか」という理由を見つけることが大切です。「初期投資を抑えたい」「余剰資金ができたので、今のうちに投資をしておきたい」「これまで使っていた機械の調子が悪いので早急に取り換えたい」「助成金をうまく使いたい」といった具合に、同じリース物件を希望している企業でも、その理由は異なることがあるからです。理由が変われば、利益を最大化するための方法も異なるかもしれません。リース会社からの提案は、ユーザーの要望によって変わってくるのです。

ユーザー自身も、自社の課題に気付いていないことがあります。そこで営業担当者は、ユーザーの課題を丁寧に引き出し、解決策を提案できるコンサルタント的な能力が必要になるわけです。

重要なのは正確な課題を発見する
表面的な問題を解決しても、同じような問題がまた起きる。様々な問題を引き起こす原因を探ることが、問題解決の第一歩。

余剰資金
企業が持つ資産の中で、事業活動に利用しなくていい資産のこと。

▶ ユーザーも気付いていない課題をリースで解決する

既存事業について、新規事業について、マネジメントについて……。
企業はいくつかの経営課題を持っているものだ

リースで解決!

リース会社

?

ユーザー

課題A
課題B
課題C

▶ リースを検討している理由を明確にする

その理由なら……
このスキームだな!

リース会社

初期投資を抑えたい

余剰資金ができたので投資したい

機械の調子が悪いので取り換えたい

助成金をうまく使いたい

運転資金を見直したい

ユーザーが持っている課題とともに「なぜリースを検討しているのか」という明確な理由までをしっかりとつかむことが肝要だ

▶ コンサルティングのスキルを活用して最適なリースを提案する

課題を解決する
リース契約です

リース会社

リース契約

契約書

なるほど。
ありがたい!

ユーザー

担当業界に関する知識

どんな業界でも、顧客やその業界に関する知識は必須ですが、リース業界は特にそうでしょう。業界を理解していなければ、その物件がなぜ必要なのか、与信を与えても大丈夫なのかを判断できないからです。

ユーザーとサプライヤー両方の業界知識が必要

リース会社の多くは、6章で述べたように、特定の業種に特化した専門営業の部隊を設けています。それどころか、専門分野に特化したリース会社を設立するケースも珍しくありません。言い換えれば専門分野に特化することが必要なほど、深い業界知識が求められるのです。特に必要とされるのは、不動産、航空機、医療・介護、船舶、農業、オフィス、流通などでしょう。もちろん、専門分野を持たないエリア営業の担当者であっても、取引先や取引先の業界に関する知識は不可欠です。

専門知識が必要なのは、ユーザーの業界についてだけではありません。あわせてサプライヤーの業界の知識も必要です。常に2つの業界の知識が求められることは、リース会社の大きな特徴です。オペレーティング・リースが盛んになるとともに、サプライヤー業界の知識はますます重要になってきました。これまで主流だったファイナンス・リースでは、リース会社の審査の基準は、ユーザーがサプライヤーの商品の代金相当を「支払えるか」「支払えないか」だけでした。それに対してオペレーティング・リースでは、どう考えてもユーザーだけでは払いきれない数十億円といった高額な物件でも、払える手段があるかどうかを検討します。物件が稼ぎ出す資金でリース料金を支払っていく、プロジェクト・ファイナンスなどの方法があるかもしれないからです。ユーザー1社での支払いが難しければ、ユーザーの同業者、サプライヤーの同業者、あるいは、それぞれの仕入先や納入先を巻き込んだプロジェクトにすれば可能かもしれません。このようにリース会社は様々なスキームを考えるようになったため、これまで以上に取引先の業界知識が必要になってきたのです。

流通
流れ通じること。転じて、メーカーと消費者の間に入る卸売業や小売業のことを指す。

▶ 幅広い業界に深く携わるだけに多彩な知識が必要に

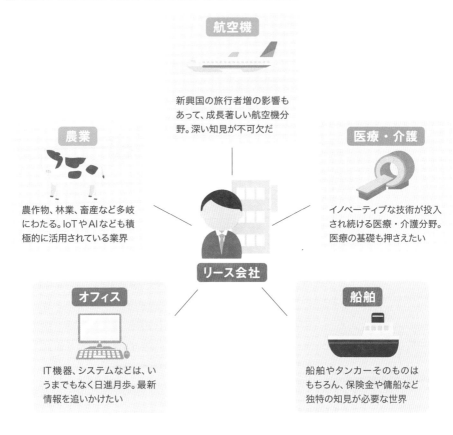

航空機

新興国の旅行者増の影響もあって、成長著しい航空機分野。深い知見が不可欠だ

農業

農作物、林業、畜産など多岐にわたる。IoTやAIなども積極的に活用されている業界

医療・介護

イノベーティブな技術が投入され続ける医療・介護分野。医療の基礎も押さえたい

リース会社

オフィス

IT機器、システムなどは、いうまでもなく日進月歩。最新情報を追いかけたい

船舶

船舶やタンカーそのものはもちろん、保険金や傭船など独特の知見が必要な世界

▶ リース会社は、2つの業界の知見が必ず必要に

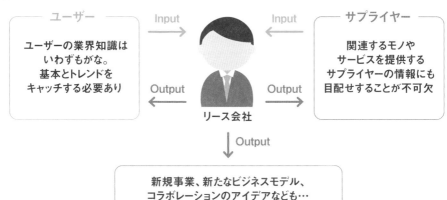

ユーザー

ユーザーの業界知識はいわずもがな。基本とトレンドをキャッチする必要あり

Input

リース会社

Input

サプライヤー

関連するモノやサービスを提供するサプライヤーの情報にも目配せすることが不可欠

Output

Output

Output

新規事業、新たなビジネスモデル、コラボレーションのアイデアなども…

Chapter9
08

資産管理の知識

資産管理の1つとして、産業廃棄物の処理の知識は、リース会社の社員なら一通りは身につけておくべきでしょう。リース会社は、廃棄物処理の煩雑な事務手続きのプロでもあるため、様々な局面で相談されるからです。

産業廃棄物処理の責任はリース会社にある

リース業界では、資産管理（産業廃棄物の処理など）の知識がますます重要になっています。それは、リース会社の中で資産管理に関連するビジネスの可能性が広がっているからです。

これまで資産管理の知識は、もっぱらユーザーがリース物件を選んだ場合のメリットの説明に使われていました。それは、ユーザーには廃棄物処理法の義務が一切生じないというものです。ユーザーに責任が生じないのは、物件の持ち主がリース会社だからです。廃棄物処理法のほかにも、資源有効利用促進法、建設リサイクル法、自動車リサイクル法など様々な義務がありますが、いずれも処理の責任者はリース会社になります。

物件の所有者であるリース会社には、リース契約が満了した物件が続々と戻ってきます。リース会社は、それを廃棄したり、中古品として売り出したり、再リースに出したり、使える部品だけを利用したりと、様々な方法で処理してきました。そうした中で、廃棄物処理に関する独自のネットワークが形成されてきました。そこで今度は、そのネットワークを使った新しいビジネスを展開するリース会社が増えてきたのです。

例えば、産業機械や医療機器などの廃棄処分で困っている企業の廃棄処理を手伝ったり、廃棄物を買い取って中古市場で転売したり、利用できそうな部品だけを取り出して専用サイトで販売したりといった具合です。環境問題が深刻になるとともに、リサイクルやリユースの重要性は高まっていきます。こうした事業がうまく拡大するかどうかは、ビジネスの最前線で様々なビジネス提案をしていく営業担当者などの資産管理の知識にかかっているのです。

資源有効利用促進法
循環型社会を形成していくために必要な3R（リデュース・リユース・リサイクル）の取り組みを総合的に推進するための法律。紙製造業、ガラス容器製造業など10業種・複写機、パチンコ遊技台など69品目を指定している。

建設リサイクル法
正式名称は建設工事に係る資材の再資源化等に関する法律。建築資材の再資源化、適切な廃棄を推進することを目的にした法律。2000年5月31日公布。

🔹 必要不可欠なリース物件の処理知識

契約満了になったので
リース物件を返却したい

適切な処理に関する
知識が不可欠

契約満了・返却

ユーザー　　　　　　　　　　リース会社

**リース物件は契約満了後、リース会社に返却される
これを適切に処理するのがリース会社の腕の見せ所だ**

🔹 リース物件の処理に必要な法令知識

3R（リデュース・リユース・リサイクル）を総合的に推進するための法律。下記のような法律が多層構造になっている

環境基本法

循環型社会形成推進基本法

廃棄物処理法	資源有効利用促進法

個別物品の特性に応じた規制

Chapter9 09

海外進出のスキル

国内市場が伸び悩む中、海外に新たな市場を求める企業が増えています。それに伴ってリース業界では、総合商社の勤務経験、海外駐在経験をはじめ、海外進出のスキルを持つ人の活躍の場が広がっています。

販売金融から国際販売金融への移行

　リース会社で海外進出のスキルが求められるようになったのは、ユーザーやサプライヤーをはじめ、海外の顧客に活路を求める動きが強まってきたからです。リース会社の海外展開といえば、これまでは主に、日本企業が海外に進出するための準備のサポートでした。ユーザーの初期投資を抑えるために、現地オフィスや工場など必要なものをリース物件にするといったサポートが典型だったのです。しかし海外進出に積極的な企業が増加していくとともに、開設準備だけではなく、現地企業への販売サポートを積極的に手掛けるリース会社もでてきました。

　そもそもリースは、サプライヤーが自社製品を販売するための販促手段「販売金融」として発展してきたものです。サプライヤーの製品を欲しくても買えない企業があれば、リース会社がその製品を買い取り、リース物件として貸し出すわけです。この時、リース会社はユーザーから担保を取らず、自分たちでリスクを負ってリース契約を結びます。こうした中で、独自の審査ノウハウが蓄積されていったのです。このような「販売金融」のノウハウは、海外の企業に対しても通用します。例えばタイのA社が日本のB社の工作機械の購入を検討している時に、リース物件にすることを選択肢の1つとして提案するのです。資金が足りない企業にとっては、魅力的な提案に映るでしょう。もちろん、海外でのリース事業は簡単ではありません。国によって商慣習、法律、規制などが異なるからです。そこで、「この国の文化や風習は誰よりも知っている」「海外企業との契約のテクニックならまかせてほしい」「海外に親しい企業はたくさんある」といったスキルや経験、人脈を持つ人を必要とする部署が増えてきたのです。

工作機械
切ったり、削ったり、磨いたりして、材料を必要な形状・精度に加工する機械。

◤ どんな時に国際販売金融が求められる?

グローバルな製品ニーズがあった時…

タイのA社

日本のB社

日本の工作機械が欲しい

当社の出番!!

ところが、資金が足りない…

タイのA社

日本のB社

残念。資金が足りない…

↓ そこで…

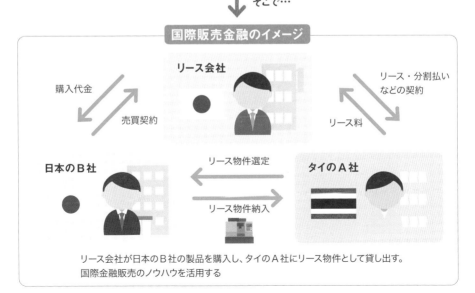

国際販売金融のイメージ

リース会社

購入代金

売買契約

リース・分割払いなどの契約

リース料

日本のB社

リース物件選定

タイのA社

リース物件納入

リース会社が日本のB社の製品を購入し、タイのA社にリース物件として貸し出す。
国際金融販売のノウハウを活用する

Chapter9

10

動産保険の知識

動産保険とは、自動車保険や火災保険のような、特定の損害保険が存在しない事故をカバーする保険です。様々な損害がカバーされる一方で、例外もあります。誤解がないように説明できる動産保険の知識が必要です。

動産保険でカバーされるもの、されないものを説明

　例えばリース物件が壊れてしまった場合、どうすればいいのでしょうか。リース契約では、リース会社に返却する時には、借りた時の状態でもとのように使えるようにしてから返却することになっています。つまり壊れた個所があれば、修理してもとのように使えるようにしてから返却しなければならないのです。

　例えば台風による水害で物件が川に流され、見つからないといった場合はどうでしょうか。こうした場合は、物件を丸ごと弁償しなくてはならなくなります。さすがに、ユーザーに対してそんな負担はさせられません。そこでリース物件には、基本的に動産保険が付けられています。動産保険とは、自動車保険や火災保険のようなカバーしてくれる保険がないモノにつける保険です。

　事故が起こった場合、被害額から保険金でカバーされた分を引いた額がユーザーの負担分になります。保険金ですべてを賄えるわけではありません。ただし、リース物件にかけられている動産保険は、リース物件を守るためだけの保険です。事故でリース物件が壊れたことが原因で第三者に怪我を負わせた場合の保障は対象外です。もしそうした事故もカバーしたければ、追加で施設賠償責任保険などに加入するという方法もあります。

　リース期間は長ければ数十年に及ぶので、どんな事故や災害に見舞われるかわかりません。万一の時にユーザーがあわてないように、リース会社の社員は動産保険の対象となるもの、ならないもの、免責事項、追加した方がいいかもしれない保険などを、契約時にわかりやすく説明することが大切です。そのためには、動産保険はもちろん、損害保険全般の知識が必要なのです。

施設賠償責任保険
施設の構造的な欠陥や管理の不備などによって、人にケガをさせたり、物などを壊してしまった場合の賠償金等を補償する保険。

免責事項
免責とは、責任を問われることを免れること。そのための具体的な事項を指す。

リース物件には、基本的に動産保険が付保される

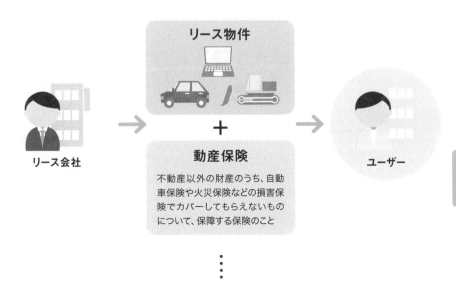

リース会社 → **リース物件**

＋

動産保険

不動産以外の財産のうち、自動車保険や火災保険などの損害保険でカバーしてもらえないものについて、保障する保険のこと

→ **ユーザー**

動産保険が保証する主な事故

火災	水害	落雷
火災によってリース物件が損傷した場合	昨今の異常気象でもっとも心配な災害の1つ	PCやサーバーなどのIT機器が壊れることも

その他、盗難、破裂、爆発、風災、雪災など

資格は転職や就職に有利か？

資格の3つの特長

　「資格は就職や転職に有利だろうか？」。このような疑問を持つ人は少なくないでしょう。中でも業務が多岐にわたるリース業界は、資格がものをいいそうです。「すでにいくつかの資格を取得した」。あるいは「現在、資格取得のために猛勉強中」といった人もいるかもしれません。

　資格取得が有利かどうかを考える前に、国家資格を例に「資格の役割」を考えてみましょう。国家資格は、大きく3つに分かれます。1つは業務独占資格です。医師、弁護士、公認会計士、司法書士、宅地建物取引士など、その資格がなければ業務ができないという資格です。2つ目が、栄養士、保育士など、資格が無ければ職業名を名乗れない名称独占資格。3つ目が、「旅行業では、概ね10人以上の営業所に2人の旅行業務取扱管理者を設置」といった資格保持者の設置義務資格です。

必要に応じて入社後に資格を取得する

　こうしてみると、例えば不動産会社を目指しているなら業務独占資格の「宅地建物取引士」、旅行業界を目指しているなら設置義務資格の「旅行業務取扱管理者」の資格を持っていると有利に思えます。しかし実際は、大して評価はされません。いずれも、資格の難易度はそれほど高くないので、多くの企業は入社してから必要に応じて受験させればいいと考えているからです。資格取得のための助成をする会社もあります。一方、志望会社の業務とまったく関係がない資格については、取得した目的を語れないようなら、むしろ書かない方がいいという人もいます。業種に関係なく、どこの会社にも同じ履歴書を出しているように見えてしまうからです。

　採用担当者が見ているのは、むしろその人の可能性です。中でもリース業界は、新しいスキームを編み出す柔軟な発想が求められます。資格取得よりももっと磨くべき大切なものがあるかもしれません。

第 10 章

リース業界の
課題と展望

今後、リース業界は、どうなるのでしょうか。「ファイナンス・リース中心」から「オペレーティング・リース」に軸足を動かし、新市場開拓へのチャレンジを始めたリース業界のこれからの動きと、リース業界に秘められた無限の可能性について解説します。

Chapter10 01

リース業界の今後の課題

ファイナンス・リースが日本に上陸して約60年。その間、企業を取り巻く環境はすっかり変わり、「リース」の取扱高はピーク時から大きく減ってしまいました。「これからのリース」は、どうあるべきなのでしょうか。

未だ9割がファイナンス・リース

リース業界が今後も成長していくための課題は、リースというサービスの魅力を高めていくことにあります。ファイナンス・リースが日本に入ってきた時は、金融機関がなかなかお金を貸してくれない時代でした。本書で何度も説明してきたように「初期投資が少なくて済むこと」「金融機関の与信枠の影響を受けないこと」がリースの大きな魅力だったのです。しかし現在は**金余り**の時代なので、金融機関からの借り入れのハードルは下がりました。ファイナンス・リースが伸びてきた前提が崩れ、その魅力が色あせてしまったのです。

こうした魅力の減ったファイナンス・リースに工夫を加えたリースが、オペレーティング・リースだといえます。本来ならば、時代の変化とともにオペレーティング・リースが伸びるはずです。しかし、リース設備投資額ベースでのリースの内訳を見ると、ファイナンス・リースが占める割合は2017年度で90.5%でした。未だに、60年前に人気を博したビジネスモデルであるファイナンス・リースがリース業の中心なのです。

もちろん、2002年までは銀行法で銀行の子会社や**持ち株会社**がオペレーティング・リースを手掛けることは禁じられていたという事情も影響しているでしょう。しかし、解禁されてすでに10年以上が経過している現在、もう少しオペレーティング・リースの比率が伸びていてもよさそうなものです。

ちなみに主要企業の総資産に対するオペレーティング・リース残高の割合は、アメリカが2.32%、ヨーロッパは1.18%でした。それに対して日本は0.87%です。欧米の市場を見れば、オペレーティング・リースの伸びしろは、まだまだありそうです。

金余り
中央銀行の金融緩和策などによって市場にお金があふれ、使い道や投資先が無く、だぶついていること。

持ち株会社
ある会社の株式を、その会社をコントロールすることを目的に保有している会社のこと。事業運営はまかせ、「経営」「管理」に特化している。

▶ オペレーティング・リースへの移行が望まれるも…

ファイナンス・リース

↓

オペレーティング・リース

しかし…

オペレーティング・リース

ファイナンス・リース
90.5%

ファイナンス・リースのメリットが薄れた
今、オペレーティング・リースの比率を増
やすことがリース業界の目指すべき方向

設備投資額ベースでの内訳を見ると、
リース全体の9割以上がいまだにファイ
ナンス・リースだ

※出典／わが国リース会計基準の検討に対する見解
＜参考資料＞（2018年7月）／リース事業協会

▶ 日・米・欧の上位企業の総資産に対するオペレーティング・リース比率比較

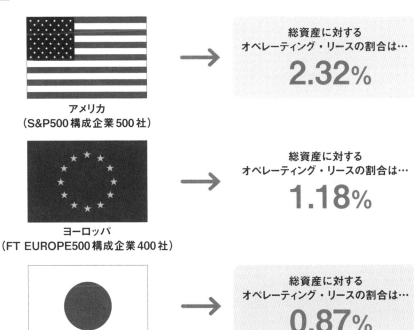

アメリカ
（S&P500構成企業500社）

総資産に対する
オペレーティング・リースの割合は…
2.32%

ヨーロッパ
（FT EUROPE500構成企業400社）

総資産に対する
オペレーティング・リースの割合は…
1.18%

日本
（東京証券取引所第一部上場企業2008社）

総資産に対する
オペレーティング・リースの割合は…
0.87%

欧米に比べて、日本でのオペレーティング・リースの市場はまだまだ小さい
「伸びしろがある領域」といえそうだ

※出典／わが国リース会計基準の検討に対する見解＜参考資料＞（2018年7月）／リース事業協会

リース業界が狙う４大市場

Chapter10 02

今後リース業界が成長していくために重要なポイントは、高い成長が見込める分野に参入することです。多くの総合リース会社が参入を狙っているのが、「医療・介護」「環境」「航空機」「グローバル化」の４分野です。

📍 伸び盛りで資金需要が旺盛な分野への参入

リース業界が成長できるのは、成長が著しく資金需要が旺盛な市場です。こうした観点から、多くのリース会社が「医療・介護」「環境」「航空機」「グローバル化」の４市場を狙っています。

後期高齢者
75歳以上の高齢者のこと。ちなみに前期高齢者は65～74歳。

「医療・介護」市場は、団塊の世代が**後期高齢者**になる2025年を境に、一段と大きくなることが予測されています。例えば医療分野では、AI化、ロボット化、オーダーメイド医療をはじめ、技術革新がめざましく、資金調達が大きな課題となるでしょう。また、介護施設の供給を早急に増やしていくことが必要になるかもしれません。医療リース、不動産リースなどを手掛ける総合リース会社には、様々なビジネスチャンスがありそうです。

スマートシティ
街全体のあらゆるものがインターネットにつながり、自動運転やビッグデータの活用で、環境に配慮しながら持続的で質の高い生活ができる都市のこと。

「環境」については、再生可能エネルギーの設備のリースから**スマートシティ**構想への参画まで、様々な可能性があります。新しい分野なので、早期に参入してノウハウを蓄積することが、次につながります。多くのリース会社が、参入に向けて活発に動いています。

「航空機」は、中国やインドをはじめ新興国の所得増、加えてLCCの広がりによって、旅行需要が爆発的に伸びていることが参入の理由です。どのくらい凄まじい増加かといえば、「2014年から19年で旅客数は38％増の45億8800万人」「今後27年間で80万人のパイロットが不足する」といった具合です。この過程で、航空機も間違いなく不足するでしょう。リース会社が活躍する場がたくさんありそうです。

「グローバル化」については、海外進出した日本企業のサポート、海外の専門リース会社の買収、海外でのリース事業の展開など、各リース会社が歩んできた歴史によって戦略は異なるようです。

▶ リース会社が狙う次の4大市場はこれだ

① 医療・介護

大量の後期高齢者が増えるとともに、少子化が進む今後、医療・介護のニーズは高まるばかり。ロボット、AIなどを活用したイノベーションの必要性もますます高まるはず

② 環境

地球温暖化、自然災害など、日本はもちろん、世界に目を向けても環境に関する課題は山積みだ。再生可能エネルギーやスマートシティの領域でリースが活躍しそうだ

③ 航空機

新興国に高所得者が増える中で、海外渡航のニーズが世界的に急上昇。またLCC（ローコストキャリア）も依然元気なため、航空機関連のリース需要は伸び続けている

④ グローバル化

海外進出した日本企業のサポートといった従来通りのリースの役割は今も好調。さらにこれからは、海外でのリース事業の展開や海外のリース会社の買収なども

かつての日本のような経済成長を求めて――

新興国におけるリースの可能性

新興国に目を向けると、かつての日本のようにリースの伸びが著しい国がたくさんあります。こうした国に進出すれば、カントリーリスクがある反面、多様なビジネスチャンスもあふれています。

新興国での高いリース取引の伸び率

　民間設備投資に占めるリースの割合を見ると、国によって大きく異なることがわかります。アメリカ21.6％、イギリス32.4％、オーストラリア40％、フランス16.1％と、先進国のリース比率は総じて高いようです。それに比べて日本はわずか5.3％です。

　世界ではリースが当たり前なのに、日本では、まだまだ銀行からの借入や内部留保で購入するのが一般的なようです。現在、日本のリース設備投資残高は60.47億ドルで、世界5位です。もし、外国並にリースを利用するようになれば、リース業界の投資残高は飛躍的に伸びるはずです。オペレーティング・リースを充実させていくことも重要ですが、ファイナンス・リースの可能性も、再度検討するべきかもしれません。

　一方、リース取引の伸び率を見てみると、新興国が高い伸びを示しています。2016年から2017年までのリース取引の伸び率を見ると、日本の伸び率が-2.0％であるのに対して、中国20.4％、ロシア46.7％、マレーシア35.7％、アルゼンチン68％、ウクライナ33％といった具合です。

　新興国では、かつての日本のように購買意欲が高い若年人口が多く、市場が元気です。しかしながら、重要な産業が非常に多く、かつ国内の資金が足りないため、企業の資金需要に応えることができません。そこをリースが埋めるという形で、設備投資が行われているのです。

　設備投資が活発なのは、国が成長している証拠です。カントリーリスクはあるものの、それを上回るメリットがありそうです。アジアをはじめとする新興国への進出を始めたリース会社も出てきました。

投資残高
工場の建設などにお金を投じる「直接投資」を、過去どれくらい行ってきたかの合計。

新興国
現在はまだ貧しいが、高い成長性を秘めた国のこと。

▶ リース取引の伸び率、日本は…?

日本

-2.0%

※2016年から2017年を比較　出典：World Leasing Yearbook 2019年

▶ リース取引の伸び率、目立つのは「新興国」

中国

世界経済を牽引する中国。リースの伸び率もうなぎのぼりだ

20.4%

ロシア

大国ロシアもリース取引が伸び続けている。航空機リースも多い

46.7%

マレーシア

高い経済成長率と、平均28歳と若い市場を持つ理想的な成長市場

35.7%

アルゼンチン

インフレによって国内の資金が足りなくなった結果、リースの需要増か

68%

ウクライナ

東欧ウクライナは「これから」が期待される投資チャンスに溢れた国

33%

国内の資金が足りないため、激しい資金需要に応えられず、リースが活用されている!

※2016年から2017年を比較　出典：World Leasing Yearbook 2019年

Chapter10 04

メンテナンス・リースへの期待

今後、伸びが期待されているのが、保守・管理・修理などのサービスが付加されているメンテナンス・リースです。自動車については、もはや不可欠のサービスとして定着しました。他の物件にも広がることが期待されています。

自動車以外の物件に広がるかどうかがカギ

「メンテナンス・サービスがあるから、リースにしよう」。このように、メンテナンス・サービスの付加の有無が、リースを選ぶ理由の1つになることが期待されています。

メンテナンス・リースは、保守・管理・修理などのメンテナンス・サービスが付加されているリースです。特にメンテナンス・サービスが普及しているのは、自動車のリース、いわゆるカーリースでしょう。メンテナンスだけではなく、車検の手続き、自賠責保険への加入、ガソリン代の割引サービスなど、様々な手続きや支払いの代行サービスが含まれています。メンテナンス等にはスケールメリットが働くので、自社でメンテナンスを依頼するよりも、リース会社を通じてメンテナンスをする方が一般には安くつきます。使い勝手のよさで、自動車のメンテナンス・リースが普及していったといえるでしょう。メンテナンス・リースの利用率は、カーリース全体の6割以上を占めています。

カーリース以外にも、実はメンテナンス・リースを用意している分野はたくさんあります。コンピュータ、複合機、医療機器、変わったところでは、ガス設備機器、計測機器、自動改札機などがあります。しかし、普及率は今ひとつです。カーリースの場合は、自動車を保有した経験がある人が多いので、メンテナンス・リースの便利さはすぐに理解できますが、他の物件については、「どれくらい便利なのか」がイメージできないからでしょう。

サプライヤーにとっては、製品の販売よりもメンテナンスの方が利益率は高いといわれています。まずはリース会社とサプライヤーが協力しあって、メンテナンスの重要性を訴えていくことが必要です。

スケールメリット
「同じ作業を繰り返す」「同じ材料を大量に仕入れる」…。こうした場合、経営規模が大きい方が、生産性や交渉力が上がり、結果的に、競争力が上がるなどのメリットが得られる。「規模の経済」ともいわれる。

メンテナンス・リースはカーリースの定番

カーリース

実に**6割**以上が
メンテナンス・リースを利用!

その他、メンテナンス・リースを活用している意外なもの

コンピュータ

自動改札機

ガス設備機器

医療機器

複合機

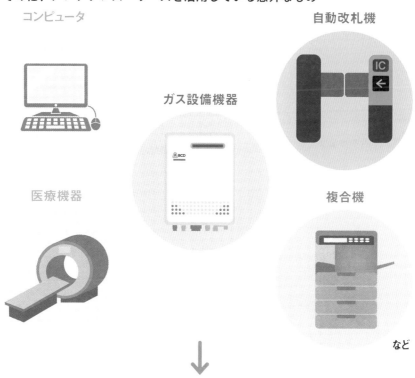

など

メンテナンス・リースとして利用したほうがサプライヤー、
ユーザーともにメリットが大きいモノはまだまだある。
丁寧な説明と重要性を伝えていく必要がある

Chapter10 05

個人リースの可能性

リースは企業にとって便利な仕組みですが、「個人には税制上のメリット等がないので普及しない」といわれてきました。そんな説を覆すように、個人向けのカーリース市場が伸びています。今後、さらに広がるかもしれません。

個人が購入ではなくリースを選ぶ理由

試金石
実力や普及率や価値などを知るための基準になるもの。

　これまで個人向けのカーリースは、個人向けのリース市場が成立するかどうかの**試金石**と考えられてきました。その個人向けカーリースが最近、非常に伸びてきたのです。

　日本自動車リース協会連合会によれば個人向けカーリースの車両は2018年3月時点で、前年比120％の約25万7000台に達したそうです。矢野経済研究所の調査[*]では、2022年度には、93万6000台に達するという予測も立てられています。一方、新車の販売台数は2017年から3年連続で減少しています。新車の市場は縮小しているのに、カーリースは伸びているのです。

　リース事業協会の調査によれば、自動車リースのメリットとして「毎月の支払額が同じ金額なのでわかりやすい（67.2％）」「車検費用・税金がリース料に含まれ、これらを支払う必要がない（60.7％）」と答える人が上位を占めていたそうです。個人は、支払いが平準化することや、手続きの手間が省ける利便性などにリースの魅力を感じているのです。

　一方、カーリースを利用しなかった人たちは、「リースのメリットを感じない（50.3％）」「自動車は自分の所有物にしたい（42.0％）」と答えていました。個人向けには会計上のリースのメリットはもともとありません。リースのメリットを感じないのは、もっともな意見です。注目すべきは、「自動車を自分の所有物にしたい」と答えた人の割合が5割を切っていることでしょう。所有にこだわらなくなることが、リース市場が成立するための第一歩です。今後はロボットをはじめ、高額で手間がかかる物件が増えていくでしょう。「所有よりも利用」という昨今のトレンドである「**シェア**」の意識も、この流れを後押ししそうです。

シェア
共同で持つこと。環境意識やクラウド、ITの浸透もあって、最近はルームシェアやカーシェアなどのシェアリングサービスが盛んになっている。

※出所：㈱矢野経済研究所「オートリース市場の現状と展望（2018年）」

▶ カーリースのメリットは？

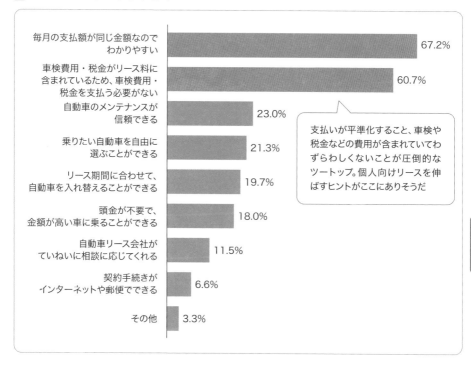

毎月の支払額が同じ金額なので
わかりやすい 67.2%

車検費用・税金がリース料に
含まれているため、車検費用・
税金を支払う必要がない 60.7%

自動車のメンテナンスが
信頼できる 23.0%

乗りたい自動車を自由に
選ぶことができる 21.3%

リース期間に合わせて、
自動車を入れ替えることができる 19.7%

頭金が不要で、
金額が高い車に乗ることができる 18.0%

自動車リース会社が
ていねいに相談に応じてくれる 11.5%

契約手続きが
インターネットや郵便でできる 6.6%

その他 3.3%

支払いが平準化すること、車検や税金などの費用が含まれていてわずらわしくないことが圧倒的なツートップ。個人向けリースを伸ばすヒントがここにありそうだ

▶ カーリースを利用したくない理由は？

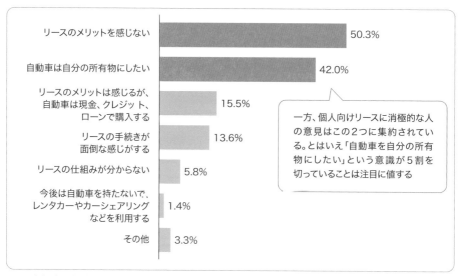

リースのメリットを感じない 50.3%

自動車は自分の所有物にしたい 42.0%

リースのメリットは感じるが、
自動車は現金、クレジット、
ローンで購入する 15.5%

リースの手続きが
面倒な感じがする 13.6%

リースの仕組みが分からない 5.8%

今後は自動車を持たないで、
レンタカーやカーシェアリング
などを利用する 1.4%

その他 3.3%

一方、個人向けリースに消極的な人の意見はこの2つに集約されている。とはいえ「自動車を自分の所有物にしたい」という意識が5割を切っていることは注目に値する

※出典：個人向け自動車リース取引に関する調査報告書／リース事業協会（2018年3月）

貸し出し方法の多様化

ファイナンス・リースの弱点は、他社との差別化が難しいことです。「レンタル」「従量制」「中途解約可能」「中古品のリース」をはじめ、各リース会社ならではの新しいリースの模索が始まりました。

必要なのは定額制にとらわれない発想

従量制
利用量、利用時間に応じて料金が変わる仕組み。

買い手市場
需要より供給が上回り、市場にモノやサービスが溢れて、買い手にとって有利な取引がしやすい状況のこと。逆が売り手市場。

リース会社は、レンタルや従量制をはじめ、オペレーティング・リースのラインナップを充実させています。1件のユーザーに物件を長期間貸し、戻ってきたら処分するというファイナンス・リースでは、他社と差別化できるポイントが手数料だけだったからです。売り手市場の時はそれでも構いませんが、現在のような買い手市場の時代には価格の叩きあいが始まるだけです。

そこで多くのリース会社が、使い勝手によって差別化できるリースの開発に取り組み始めました。その中でも先頭を走っているのが、これまでも例として取り上げたカーリースでしょう。大半のレンタカーの営業所では、レンタルだけではなく、ユーザーの事情に合わせてカーリースも扱います。そのために「レンタリース」という言葉まで作ってしまいました。さらに「カー・シェアリングサービス」を手掛けているリース会社もあります。

このような柔軟性を自動車以外の分野でも持たせられれば、ユーザーの使い勝手が増し、ライバル社との差別化につながることも期待できます。例えば医療の分野では、経営規模が小さなクリニックに対して柔軟な提案をしてきたリース会社も少なくありません。「中古の医療機器のリース」「中古の医療機器の販売」などは、その典型でしょう。また従来のリース契約は、利用した期間に応じて料金が発生する定額制が当たり前でしたが、「従量制のサービスの方が中小クリニックには便利だろう」という意見もあります。「検査1回につきいくら」といった課金であれば、めったに使わない検査機器類を安心して揃えることができます。

顧客発想で考えたり、定額制の枠を外して考えたりすれば、リースが進化するチャンスは無限に広がるはずです。

▶ 従来のリース取引のイメージ

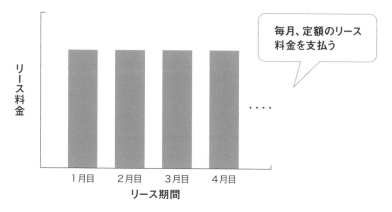

リース料金

1月目 2月目 3月目 4月目

リース期間

毎月、定額のリース料金を支払う

▶ 従量制のリース取引のイメージ

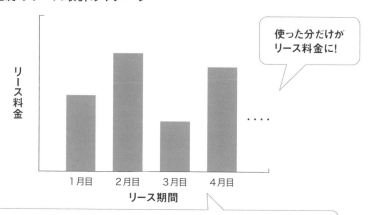

リース料金

1月目 2月目 3月目 4月目

リース期間

使った分だけがリース料金に!

生産量や利用量といった稼働状況にあわせてリース料金が変動するので、キャッシュフローが実態と連動して、経営がラクに。多くの業界で活きる仕組みになりそうだ

医療機関が従量制リースを活用したら

これまで
高額な検査機器をリースで導入。初期投資は抑えられるが、月々の支払いは仮に使用しなくても発生していた

月々定額

➡

従量制
「使った分だけリース料金を払う」形式だと、クリニックの運転資金が大幅に改善。安心して導入できる

検査1回につきいくら

Chapter10
07

リース業界のこれから

AI、IoT、RPA、自動運転をはじめ、新しい技術が続々と実用化されつつあります。こうした次世代技術の登場は、リース会社にとってチャンスの到来です。導入の初期段階では、一般に多額の資金が必要になるからです。

📍 第4次産業革命の設備投資を陰で支える

　リース業界は、2010年頃、市場が半減するという危機的状況に陥りました。しかしまもなく、1960年代、70年代のようなリース業界大躍進の時代がやってくるかもしれません。

　その理由は、「AI」「IoT」「RPA」や「ビッグデータ」といった、第4次産業革命を加速する技術革新が起こっているためです。今後は、生産の手法、労働者の役割などが大きく変化していくことが予想されます。工場であれば、生産するものが大量生産品から個々にカスタマイズされた商品に変わっていきます。それにともなって、生産ラインどころか、工場そのものを、まったく別の形に変える必要があるかもしれません。オフィスであれば、ロボットがほとんどの事務作業をこなしてしまうので、人間が出社する場所である必要はなくなるかもしれません。

　様々な新技術が普及していく過程では、事故が起こって規制が強化されるといったこともあるでしょう。海外との競争条件が不利になれば、反対に規制が緩和されるケースも出てくるはずです。早い段階での設備投資はリスクが高い上に割高ですが、技術革新の方向性が定まるまで設備投資を待っていれば、ビジネスチャンスを逃がしてしまいます。

　ここにリース会社の出番があるのです。例えば、数社でコンソーシアムを組ませてリスクを分散させるなど、リース会社の提案力をフルに活かせる時代が到来するかもしれません。高度経済成長期にファイナンス・リースが多くの企業の成長を支えてきたように、これからは個性的なオペレーティング・リースで支えていくことになるはずです。もうすぐリース業界の大成長の時代がやってくるかもしれません。

RPA
ロボティック・プロセス・オートメーション。業務効率化のためにロボットソフトウエアが、これまで人間が行っていた業務をデスクトップ上で肩代わりする技術のこと。

第4次産業革命
動力に蒸気を使った第1次産業革命、電力や化学反応によってパワーを加速させた第2次産業革命、コンピュータによる自動化が進んだ第3次産業に続く画期的な産業革命。

▶ 産業の形が変わりつつある今こそ、リースが求められる！

IoT

インターネットとモノをつなぐIoT技術。新しいリース物件としての注目度が上がるとともに、期待の従量制リース（サブスクリプションモデル）を支える技術としても利用価値大だ

AI

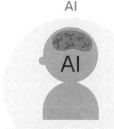

学習データを高度に解析するAI（人工知能）技術は、リースに欠かせない与信などの手助けにも。もちろん、AI自体が新たなビジネスチャンスを増やすことで、リースのニーズを後押しする

RPA

業務効率化は、ホワイトカラーの領域にまで及んでいる。事務作業を行う手間が減る一方で、人間にしかできない創造的な仕事にリソースが割けるようになる。それによって、イノベーションの芽につながる

数々の新しいテクノロジーが世の中に浸透

第4次
産業革命

── 新たなリースの可能性 ──

新たなテクノロジーが産業の形を変えれば、新しい設備投資のチャンスが生まれるということ。またビジネスチャンスをもとめて新たな起業家も多く登場。これらを助ける意味で、オペレーティング・リースやこれまでのノウハウを活用した新たなスキーム、リース業界の豊かな知見がさらに活きる世の中に！

**新たなオペレーティング・
リースの開発**

**ベンチャー企業を
支えるリース**

**日本経済成長の
後押し！**

第10章 リース業界の課題と展望

おわりに

　本書を読み終えた皆さんは、オペレーティング・リースのオンバランス化、銀行法の改正をはじめ、リース業界が大きな転換期に差し掛かっていることを実感できたのではないでしょうか。もちろん、激しい変化に見舞われているのはリース業界に限った話ではありません。少子高齢化、情報化、グローバル化などの影響によって、あらゆる業界が転換を迫られています。さらに新型コロナウィルスの蔓延によって、世界経済の行方すらわからなくなってきたという状況です。

　しかし、実はこうした厳しい状況こそ、リース会社が活躍しなければいけない局面であると言えるのです。リース会社は、資金力、モノを見る力、多様なネットワークを持っています。総合リース会社であれば、いろいろな業界に詳しい専門家もいるでしょう。ある意味、どんなことでもできるのです。

　例えば、新型コロナウィルスの影響によって、今後、多様な業界、多様な企業が困難に陥るかもしれません。かつてリース業界が日本の高度経済成長を陰で支えてきたように、今度は苦境に陥った優良企業を支えて、成長路線に戻すといった役割を果たすようになるかもしれません。コンソーシアムを組んだり、プロジェクトを立ち上げたりするなど、当時よりも利用できる手段は各段に増えています。それらを駆使することで、数多くの新しいビジネスモデルが生まれることが期待されます。

　これから様々なビジネスにチャレンジしていくことで、各リース会社は、自分たちの特長をより鮮明にしていくことが予想されます。リース会社がどのように変化していくのか、あるいは変化しないのか、想定される例をあげてみましょう。

1つは、これまで通りファイナンス・リースを中心にやっていくリース会社です。ファイナンス・リースは頭打ちという意見もありますが、官公庁をはじめ、まだまだ未開拓の市場は残っています。また中小企業に対しては、リース物件をバランスシートに乗せなくてよいと認められています。事務手続きを簡略化できるリースのメリットをこれまで通り享受できるので、会計基準が変更されてもリース離れは起こらないでしょう。こうしてみると、リース離れが始まったといわれるファイナンス・リースにも、伸びしろが残っているのです。

　一方、オペレーティング・リースにシフトしていくリース会社もあるでしょう。航空機リース、海外進出のサポート、地域創生をはじめ、オペレーティング・リースは、アイデア次第でリースを絡めた様々なビジネスを構築できます。

　ロボットやパワードスーツをはじめ、新しい技術の登場に合わせて、レンタル事業に乗り出す企業も出てきました。高額なので、購入したり、リースを組んだりする前に、まずはレンタルで試しに使ってみるといったニーズに応えるためです。

　さらに、工作機械、建設機器などの中古品の売買、回収代行サービスをはじめ、リース事業で得たノウハウやリースで築いたネットワークをもとに、リースを絡めない新規事業を展開するリース会社も出てきました。

　様々な変化に対して、各リース会社は、モノとお金をどのように組み合わせれば解決できるのか、知恵を絞っています。そこには、リース会社各社の個性が色濃く反映されるでしょう。各社が個性を競い合うことで、リース業界はますます発展していくことが予想されます。

索引

＜参考文献＞

『図解入門ビジネス 最新リース取引の基本と仕組みがよ〜くわかる本 [第8版]』
（加藤建治／秀和システム）

『東洋経済INNOVATIVE リースの新常識　変貌遂げるリース業界 そのすべてを一冊に。』
（東洋経済新報社）

『リースの知識（日経文庫）』（宮内義彦／日本経済新聞出版）

『リース会計のしくみ【図解でざっくり会計シリーズ】』（新日本有限責任監査法人／中央経済社）

『総合リース会社図鑑』（青山邦彦、二井住友ファイナンス＆リース／日経BP）

『社長は「リース」をこう活かせ！』（正円雅章、清水健、田村範雄／日本実業出版社）

『改正PFI法解説—法改正でこう変わる』
（福田隆之、赤羽貴、黒石匡昭・日本政策投資銀行PFIチーム／東洋経済新報社）

『リース・ハンドブック』（公益社団法人リース事業協会）

「日経ビジネス」（2017年2月13日号／日経BP）

「リース取引はすべてオンバランスへ」
（2019年3月29日・大和総研・金融調査部・研究員・藤野大輝）

「日本経済新聞」

その他、リース会社各社ホームページ、ニュースリリース、ＩＲ情報

など

著者プロフィール

カデナクリエイト

ビジネス全般、働き方、ライフスタイルなどを得意とする編集プロダクション。
『週刊東洋経済』『THE21』『DiscoverJapan』などで執筆中。著書に『課長・
部長のための労務管理問題解決の基本』『図解＆事例で学ぶイノベーションの
教科書』『図解＆事例で学ぶ入社1年目の教科書』などがある。

- ■装丁　　　　　井上新八
- ■本文デザイン　株式会社エディポック
- ■本文イラスト　リンクアップ
- ■編集　　　　　大和田 洋平
- ■DTP　　　　　リンクアップ

図解即戦力
リース業界のしくみとビジネスが
これ1冊でしっかりわかる教科書

2020年6月6日　初版　第1刷発行
2022年6月4日　初版　第2刷発行

著　者　　カデナクリエイト
発行者　　片岡 巖
発行所　　株式会社技術評論社
　　　　　東京都新宿区市谷左内町21-13
　　　　　電話　03-3513-6150　販売促進部
　　　　　　　　03-3513-6160　書籍編集部
印刷／製本　株式会社加藤文明社

◆ お問い合わせについて

・ご質問は本書に記載されている内
容に関するもののみに限定させて
いただきます。本書の内容と関係
のないご質問には一切お答えでき
ませんので、あらかじめご了承く
ださい。

・電話でのご質問は一切受け付けて
おりませんので、FAXまたは書面
にて下記問い合わせ先までお送り
ください。また、ご質問の際には
書名と該当ページ、返信先を明記
してくださいますようお願いいた
します。

・お送りいただいたご質問には、でき
る限り迅速にお答えできるよう
努力いたしておりますが、お答え
するまでに時間がかかる場合がご
ざいます。また、回答の期日をご
指定いただいた場合でも、ご希望
にお応えできるとは限りませんの
で、あらかじめご了承ください。

・ご質問の際に記載された個人情報
は、ご質問への回答以外の目的に
は使用しません。また、回答後は
速やかに破棄いたします。

◆ お問い合せ先

〒162-0846
東京都新宿区市谷左内町21-13
株式会社技術評論社　書籍編集部
「図解即戦力
リース業界のしくみとビジネスが
これ1冊でしっかりわかる教科書」
質問係
FAX：03-3513-6167
技術評論社ホームページ
https://book.gihyo.jp/116